Developmental Parenting

教养力

- 给父母的12条顺势养育法则 -

罗利娜 ◎ 著

中国妇女出版社

图书在版编目（CIP）数据

教养力：给父母的12条顺势养育法则 / 罗利娜著
. -- 北京：中国妇女出版社，2019.7（2019.8重印）
ISBN 978-7-5127-1765-7

Ⅰ.①教… Ⅱ.①罗… Ⅲ.①儿童教育－家庭教育
Ⅳ.①G782

中国版本图书馆CIP数据核字（2019）第115798号

教养力——给父母的12条顺势养育法则

作　　者：罗利娜　著
责任编辑：肖玲玲
封面设计：尚世视觉
责任印制：王卫东
出版发行：中国妇女出版社
地　　址：北京市东城区史家胡同甲24号　　邮政编码：100010
电　　话：（010）65133160（发行部）　　65133161（邮购）
网　　址：www.womenbooks.cn
法律顾问：北京市道可特律师事务所
经　　销：各地新华书店
印　　刷：北京通州皇家印刷厂
开　　本：165×235　1/16
印　　张：16
字　　数：200千字
版　　次：2019年7月第1版
印　　次：2019年8月第2次
书　　号：ISBN 978-7-5127-1765-7
定　　价：49.80元

致 Joshua 和 Eric

推荐序

我和利娜是通过新浪微博认识的。2015 年的时候，我关注到她的微博——“萌芽研究所 BUD”，在非医生的母婴号中，她做得很特别，能看出她的内容都经过国内外的学术论据求证，我很欣赏这种科学严谨的态度。看到新生代科普工作者的蓬勃力量，我感到很欣慰，于是就在微博上跟她互动，鼓励她再接再厉。

几年来，她在科普道路上每一步都走得扎扎实实，并结出了累累硕果。2018 年年底，欣闻利娜入选新浪“2018 微博十大影响力母婴育儿大 V”，我衷心地祝贺她，同时我对这个年轻人也更增加了几分认可。

利娜有很好的专业背景，毕业于香港大学，是香港注册社工，在心理咨询领域有理论也有实践。最近两年来，利娜因为两个孩子渐渐长大，研究的重心逐渐向教育转移，而这个转移刚好也促使她回归了自己的专业领域。当我收到利娜寄来的新书《教养力——给父母的 12 条顺势养育法则》书稿时，我很替她开心，这个年轻人果然是潜藏着巨大能量的。

看完这本书稿，它给我带来的触动主要有两个方面。

一是利娜在书中呈现出一如既往的做学问的扎实功力，这在当今浮躁的生活中实属难得。她很年轻，却肯深入学习研究国内外最新的心理学、教育学等方面的研究和文献，有认真严谨的学院派治学态度。相信她的这些努力，和我开展育儿科普工作一样，都是希望向父母传播科学育儿知识，提升父母的教育素质。

二是利娜以自己养育两个男孩的体验，结合多年来科研、咨询、科普工作中的经验，分享了自己的教育理念和实践方法。这本书非常实用落地，针对常见的育儿场景和难题，不仅分析了问题发生的原因，也提供了解决方案，还告诉家长这样做的依据。

我亲手带大了两个外孙，现在我的小外孙长大了，再来看利娜的解决方案，让我感到十分亲切，很多内容和我当年的解决思路还有相似之处。这本书的解决方案既有科学严谨的一面，也蕴含着一些有趣的解决思路，算是新生代妈妈提出的符合社会发展的育儿新方案。利娜别具一格地在书中提出了12条顺势养育法则，这12条法则分别对应一个教育目标，最终汇聚成一种能量——教养力。这大概就是这本书书名的来源。

我一直强调在家庭养育中，父母一定要做好陪伴，而利娜的顺势养育理念以及她育儿实践的核心也正是“陪伴”。她提倡家长应该具备全局观，做既懂儿童心理又懂科学方法的“陪伴成长型”父母，根据观察和沟通发现孩子的先天气质，尊重孩子的个性发展，最终找到最适合孩子的养育方案，且实现高质量的陪伴。

期待大家都能以此为起点，找到养育孩子的最佳方案。

张思莱

2019年6月12日

自　序

顺势而育，自然长成

你有没有试过跟孩子一起做些“傻事”？

我试过。

印象深刻的一次发生在哥哥 Joshua 3 岁多的时候。孩子很喜欢的小被子被风吹到楼下的杂草堆了。那个杂草堆是小区常年没人管理的地方，杂草比成人还高，旁边还有密不透风的灌木丛。

孩子希望我可以帮忙找到被子，带它“回家”。我想了两分钟，便决定跟孩子一起下楼。我挤进那个杂草堆，孩子一边看一边给我出主意，还不时发出紧张的惊呼。

那一刻，我觉得自己好像一个无所畏惧的勇士，又忍不住哭笑不得。换以前让我进这些地方，光想想都害怕，但现在竟义无反顾。我一边拨开杂草，一边安慰自己：“是啊，捡小被子虽然是一件琐碎小事，但在孩子眼中，我就是世界上最勇敢的人。”

当我找到小被子并递给孩子时，看到他眼中的笑意，我瞬间感觉自己好像变高大了。Joshua 笑着牵我的手，边走边说：“调皮的风，别再吹走我的被子哦。”

每每想到自己跟孩子们做过的“傻事”，我都忍不住会笑起来。有些事情苦中带笑、笑中带泪，有些事情又好像连说出来都怕被人笑话，身为父母，我们时常会遇到各种不可预测的挑战。但很多时候，把一个个瞬间聚集起来，回忆也会随之沉淀，这便是独一无二的亲子关系。

我的导师约翰·戈特曼（John Gottman），是世界著名的心理学大师，从事婚姻和家庭关系研究40余年。他曾说过：“在孩子出生后3年间，有超过2/3的父母所经历的挑战会急剧增加，这里包括了情绪波动、养育冲突、亲子难题等。这些都会导致父母无论是面对自身的身份变化，还是家庭互动关系，甚至孩子的养育问题和能力培养等方面，陷入手足无措的状态中。”

我是深刻赞同的。我曾深耕在家庭支援、心理咨询和社区服务等领域中，我的角色是用科学的分析、专业的指导和系统的服务来帮助有需要的家庭。毕业于香港大学的我在最严格的服务体系中培训成长，通过个案咨询和团体工作坊的方式，让需要帮助的个人和家庭，能够真正突破困境、重新成长。

无论是专业服务经历，还是养育孩子的过程，都让我越来越深刻地明白一个简单的道理：为人父母其实就是和孩子一起成长的过程，互相依存、一起同行。

这个想法让我很想写一本书。我渴望记录下每一个弥足珍贵又充满意义的瞬间，更重要的是把我们在这个过程中所体悟过的实证有效的养育方式记录下来。我也记录下其他一些家长朋友的故事，我们曾走过相似的路、面对过相似的挑战。

以我为例，我曾以为掌握了如此多专业知识的自己，在养育孩子的路上肯定会轻松自如、毫无困难。但现实并非如此，为人父母需要经历的坎，我也都经历过。我经常像个救火队员，解决了一个危机，又跑去处理下一个危机。我在书里所记录下来的每一个主题，都是这几年跟孩子共同成长的真实记录。这些沉淀下来的经验也给了我重新梳理所有理论和实践的机会。

坦白说，孩子就是一面镜子，可以直接展示成年人并不想被他人所知的弱点：如果我们总觉得自己是牺牲者，或者嫉妒别人，又或者喜欢控制，那么这种潜意识的行为，也许会投射到孩子身上；如果我们无法缓解担忧，总是保持焦虑，那么也许很难做到跟孩子进行平和沟通……诸如此类的弱点还有很多，我脑海中也会有“恶魔”和“天使”斗争的时刻，我也需要克服内心的脆弱，让自己逐渐调整，重新找回状态。

在这个过程中，我发现作为父母，我们需要清空以往所有的固有印象，保持足够的同理心和反思力，这是我们进步和成长的基础。

我在书里提出了一个核心概念——顺势养育（Developmental Parenting）。我认为，养育方案归根到底都是因孩子而生。正因为每个孩子自出生就携带一串气质密码，这串气质密码影响孩子的性格，还决定着我们的养育方式。

在这本书里，你会看到顺势养育法则在孩子能力培养和生活场景中的应用。本书基于科学研究，但不是一本严肃的学术论文，我会系统地帮助你更好地理解顺势养育的理念，并提供有操作性的方法。我一直想跟大家分享这些经过理论验证、实践沉淀后的方法和感悟：

1. 能力讲解：本书涉及孩子成长过程中至关重要的 12 项能力，包括创造力、好奇心、成长力、抗挫力、成就感、注意力、依恋感、社交力、手足力、规则感、自信心和同理心，针对这些能力的培养，我提出了 12 条顺势养育法则。

2. 案例探讨：每一项能力都会围绕实例解读，帮助你在操作中更清晰地将理论运用在实际案例中，有步骤、有策略、有方法地给孩子提供更加个性化、有针对性的亲子教养方案。

3. 测评分析：书中列出了与能力相关的测评或里程碑，包括先天气质、坚毅力指数、社交能力发展等，这些是为了帮助你更好地理解孩子、洞察关系。但就像所有的里程碑一样，我们并不需要让每个孩子都能同时达到，但它们可以帮助大家了解一个目标或衡量标准，掌握实现的路径。

4. 工具应用：书中提供了很多工具箱，包含了亲子实验、冷静游戏、理论延展、视频示范等，可以帮助你更便捷、有效地了解不同的能力在亲子陪伴中的应用，给你的亲子生活提供更多的创意灵感。

5. 延展阅读：育儿并不仅仅是为了孩子，也同样要关注父母的自我成长。你可以在书里看到管理学、经济学、心理学等不同领域的思考，包括刻意练习、试错力、心理弹性等概念在育儿生活中的应用。这些都是希望你可以更融会贯通地去看育儿过程，在照顾孩子的同时也别忘了丰盈内心、呵护自己。

你可以把这本书看作一本养育指南，也可以看作你的成长攻略。我在书中讨论了很多孩子和他们的家庭，这都是我在心理咨询、社工服务、社群讨论、回复公众号留言等过程中接触到的真实案例。感谢朋友们对我的信任，授权我将这些案例分享出来。这些看起来独一无二的经历，其实也同样是我们生活的剪影。尽管我讨论的是具体家庭的情况，但我相信这些经历中的共性和思考，也同样适用于其他父母，或者跟孩子关系密切的人。

顺势养育的理念旨在帮助你做一个真实、积极的父母，这将极大程度地影响孩子在这个世界上的生活方式。每一次跟孩子正向、积极相处的过程，都是生命意义的积累。做父母的旅途很长，但理解得越透彻、越明白，你与孩子的生命积累就会越丰厚。

我们可能会因为养育而疲倦不堪、陷入迷茫，但也可能因此找到拨开迷雾的方式，开启快乐而充满惊喜的新旅途，这也取决于阅读本书的每一个读者的决定。

希望这本书可以帮你跟孩子建立正向、积极的相处方式，顺势而育，让孩子自然长成。

罗利娜

2019 年 6 月 15 日

CONTENTS

目 录

Chapter 2

法则 2：创造安全提问空间，提升问题质量，促进孩子有效思考，孩子的好奇心和思考将会碰撞出大惊喜。

Chapter 3

法则 3：孩子终归是自己人生的主宰，父母应该始终保持理性和温情，找到自己适合的角色和位置，当好孩子的“陪玩”教练，给予孩子恰到好处的支架式引导。

Chapter 6

法则 6：一个成功的人，一定是具备良好注意力的人。注意力是孩子学习力的关键。

Chapter 7

法则 7：情绪是连接压力和动力的唯一桥梁，当孩子感到压力和不安的时候，我们应该首先照顾好孩子的情绪，给他力量，再着手进行减压。

导　论

最好的养育，因孩子而生

每个孩子自出生就携带一串气质密码，这串气质密码影响孩子的性格，还决定着我们的养育方式。

每次跟两个孩子相处，我都能感受到他们在性格上的不同之处，哪怕是面对相同的情况，他们的反应也大不相同。

比如，同样是穿衣服，哥哥 Joshua 是三下五除二地很快穿好，他只要是质地舒服的，就不挑款式。但是弟弟 Eric 则需要仔细挑选，即使只是某个花纹他不喜欢，也会大概率地拒绝穿这套衣服。

再比如，同样是在陌生环境里，Eric 往往毫无顾虑，能够立刻融入环境与陌生人互动，而 Joshua 则会退一步拉着我的手，直到确定这个环境里有他熟悉的人或东西才会参与进去。

再比如，我同时对两个孩子说笑话，Eric 可能中途就笑得前俯后仰，但 Joshua 大多数情况下都会安静地听完，不打断也不嬉闹。

孩子这种与众不同的探索和响应环境的方式，在发展心理学上被称之为“先天气质”（Temperament）。它跟平时说“一个人气质真好”“我也好想有这种气质”中的“气质”不一样。先天气质是一个专有名词，指一个孩子与生俱来的心理倾向。比如孩子的心理活动、心理感受，还有他会对内在或者外在刺激做出什么样的行为和反应。

世界上没有两片一模一样的叶子，孩子也是如此。气质上的个体差异源于孩子与生俱来的基因特点，可能在胎儿期就已经形成了。了解每个孩子的先天气质，最大的作用是给我们提供基准线。正因为每个人生来就是不同的，所以了解个体早期差异有助于理解孩子后期的发展。

◆ 孩子并非一张白纸

在过去的 100 年里，心理学家、教育学者曾探索过个体行为差异形成的原因，一种传统观点认为孩子是一张纯净的白纸，完全等待环境的涂抹，如果孩子行为不良，那便是父母教养所致。研究人员质疑这种观点容易产生片面的结果，对孩子的行为改善毫无帮助，父母也深受愧疚的折磨。

20 世纪 60 年代，美国的两位心理学家亚历山大·托马斯（Alexander Thomas）和史黛拉·切斯（Stella Chess）联合多位临床心理学家共同开展了“纽约纵向研究”（NYLS，New York Longitudinal Study）。通过对 100 多个孩子长达 30 年的追踪研究，他们对孩子的个体差异提出进一步的解释，这成为公认的关于气质的先驱研究。他们发现每个孩子都有一些性格特点属于“先天气质”，是孩子所独有的，代表了孩子的个人风格，父母也无法控制。

> 先天气质是每个孩子人格的核心成分，影响着孩子性格发展的方向。

在研究中，学者从以下 9 个维度对气质进行分类：活动水平、节律性、趋避性（接近 / 退缩）、适应性、反应强度、反应阈限、情绪本质、注意分散性、持久性。通过对每个指标进行强弱打分，这些分值共同组成了每个孩子的先天气质情况。这意味着每个孩子从出生的时候起，就开始携带一串独一无二的气质密码。孩子从来都不是一张白纸，他有着独一无二的个性和能力。

◆ 为什么要了解孩子的气质

养育 Joshua 的时候，我曾经为他从小非常稳定的睡眠状况而深感轻松。6 个月以前，他几乎每天下午 5 点多就睡觉，然后一直睡到早上 6 点，中途除了喂奶、换尿布之外几乎不会醒，这可是长达 12 个小时的完美睡眠模式。

而到了养育弟弟Eric的时候，我却发现无论怎样努力，也从没在他的生物钟上“占过便宜”。出生后至今，Eric的夜间睡眠中很容易受到声音的影响，稍有动静他就会清醒过来。如果我没意识到孩子先天气质的不同，没意识到这里的差异有一部分是由先天气质引起的，我可能就会对Eric的睡眠方式感到极其挫败，让自己筋疲力尽、濒临崩溃。

每个孩子都是一粒种子，可以是向日葵，也可以是蒲公英，我们不能因为自己性格像蒲公英，因为自己喜欢蒲公英的潇洒和自由，就觉得向日葵一无是处，或者非把向日葵移到适合蒲公英生长的土壤里。想要彻底改变向日葵种子往往得不偿失，这个做法常常也是很多亲子关系冲突的起点。

> 先天气质常被形容为“性格的基础色”，是因为任何孩子性格的发展，都是在心理基础上通过经验积累形成的过程，是在先天气质的基础上发展起来的。

如果孩子本身是比较敏感、谨慎的气质，那么你一厢情愿地希望孩子能够变成一个开朗、大方的性格，这便是不现实的。单从先天气质的角度来看，要把孩子改造成“别人家的理想孩子”的想法本身就很容易出问题。

通过了解孩子的先天气质密码，我们可以更全面地了解孩子的能力，到底孩子在哪方面有天赋，哪方面可能是短板。不管哪种气质，只要我们提前了解，并且匹配得当，我们就都能够挖掘出孩子特有的天赋，提供更合适孩子的行为引导策略。在这个过程中，孩子会有更多机会在自己擅长的领域把事情做好，也能够感受到父母对自己行为的接纳，这便是我们稳定亲子关系的重要内核。

◆ 气质可以影响命运，但不能决定命运

哈佛大学心理学家杰罗姆·卡根（Jerome Kagan）对于气质的研究具有跨时代意义，他从学术研究的高度定义了“一个人的气质可能会影响命运，但是并不能决定孩子的命运”。卡根在20世纪80年代曾在波士顿和中国分别进行过研究，他们观察到容易害怕、退缩的孩子，其杏仁核的兴奋程度是比较高的。几十年过去了，“卡根婴儿”的跟踪数据显示，那些当年被认为内向孩子的杏仁核，现在遇到新鲜刺激时仍然保持过度兴奋的状态。

既然几十年过去了，杏仁核的反应依旧跟出生的状况一样，那是不是意味着孩子的气质无法改变了呢？哈佛大学心理学家丹尼尔·戈尔曼（Daniel Goleman）在《情商2：影响你一生的社交商》（中信出版社，2018年版）中详细介绍了“卡根婴儿”的情况：

> 一个在婴儿时期便认定为性格内向的孩子，在十几岁的时候就学会感受并且克服自己的恐惧。他说现在已经没有人认为他害羞了，但是这需要别人的帮助和自己的努力，比如一些小的成功可以帮助人们克服恐惧心理。
>
> 他记得的一次成功是克服了对打针的恐惧。在童年时期他非常惧怕打针，以至于拒绝去看牙医，直到有一次他遇到了一位赢得自己信任的牙医，这种恐惧就消失了。看到姐姐跳进游泳池，这给了他接触水的勇气，于是他学会了游泳。最初他不得不求助于父母来排解自己对噩梦的恐惧，但后来他慢慢地学会了依靠自己平静下来。
>
> “我能够克服自己的恐惧，”这位曾经羞怯的孩子在学校布置的作文中写道，“是因为我现在了解自己容易焦虑的气质，我已经能够克服一般的恐惧了。”

“卡根婴儿”的研究指出，如果父母用合适的方式鼓励或者引导羞怯的孩子与同伴玩耍，那么孩子的胆小是可以克服的，这种情况很普遍。在几十年的跟踪观察后，卡根发现，出生后被认定为内向的孩子，成年后只有 1/3 的人会有胆小羞怯的表现。尽管培养方式并不能改变所有的基因，也不能修正所有的神经缺陷，但是孩子的日常经历的确可以重塑神经通道，而且神经科学现在已经可以详细地描述神经通道被重塑的过程了。

托马斯和切斯提出“气质论”的时候，也同样提出真正影响孩子发展的是孩子气质和家长养育方式的匹配度。通俗地说，我们给孩子设定的成长环境，对孩子的支持和帮助，正好适合孩子本身的气质特点，能够帮助孩子的气质扬长补短，并且发挥出自己的特点，这种情况我们称之为“良好匹配”（Goodness-of-fit Model），反之就是“不良匹配”（Lack-of-fit Model）。

> 孩子的先天气质虽然有所不同，但每个孩子都可以在别人的帮助下自然地发生积极变化。来自家庭的正确引导，或者孩子自己的有意克服，都起着很大的作用。

即便我们因孩子的先天气质而感到沮丧，但接受这个事实是非常重要的。我们需要思考适合孩子发展的“良好匹配”是什么样子，因为只有这样才能帮助父母成为孩子的“伯乐”，发现并接受孩子的潜能和独特之处。

一个身体敏捷的孩子可能是攀爬专家，他擅长各种体育活动，并且可以充分发挥团队协作的精神；很多注意力比较薄弱的孩子，恰恰对事物的探索欲望更强，创造力和好奇心更丰富，在开放式涂鸦环境和探索空间里能够更好地施展自己的才华，这些都是可以支持良好匹配的。

我们并不需要想方设法把孩子改造成想象中的好孩子模样，不合你心意的先天气质也不是孩子的缺陷。因此，了解孩子的气质模型是养育孩子的第一步，而挖掘更多的支持“良好匹配”的教养方式，可以帮助我们具备更完善的全局观。我们养育中的“顺势而为”之路，才刚刚拉开帷幕。

◆ 孩子气质的 9 大特点

在家庭环境中，父母主要是通过观察和沟通的方式来了解自己的孩子，因此托马斯和切斯的气质 9 大维度的研究，为我们在这个全新领域进行探索性的研究，提供了方便可行的路径。

我对托马斯和切斯的气质 9 大维度做了一个适合家庭自查的简易分析表（详细版本参见本书附录“气质维度在不同年龄段的表现”），通过观察孩子在不同情况下的感受、反应和行动，我们可以在家里自行记录孩子的气质状态，对孩子有一个大致的把握。

需要了解的是，这个表格基于父母对孩子的自然观察，并不能完全代替专业量表评估[1]。此外，它是一个整体性评估，孩子偶然发生的行为不应该用来概括孩子的先天气质表现，我们做出的判断一定是基于对孩子较长时间的把握和了解。为了便于理解，我也直接做出举例，下面一起来看看这 9 个表格。

1 美国心理学家玛丽·罗斯巴特（Mary K. Rothbart）在纽约纵向研究的基础上，改良设计出父母自我报告的量表——《罗斯巴特婴儿行为问卷》（IBQ，Infant Behavior Questionnaire）和《罗斯巴特儿童行为问卷》（CBQ， Children’s Behavior Questionnarie），是目前全球应用广泛的测量孩子气质的专业付费问卷。感兴趣的朋友可以阅读罗斯巴特的相关著作。

1. 活动水平：好动还是安静？

维度	值高的特征（举例）	值低的特征（举例）
活动水平	1.睡眠时间短，即使睡着了，可能还是动作频繁 2.婴儿期躺在床上手舞足蹈、动得很厉害	1.能安静地坐在行进中的婴儿车里 2.能安静地让人洗澡 3.可以安静地让人梳头、剪指甲

活动水平指孩子是天生好动，还是偏爱安静。比如，天生活动水平低的孩子整体是偏安静的，喜欢做安静的游戏，也可以独自待很长的时间。而天生活动水平高的孩子容易在睡觉时翻来覆去，玩耍时也是到处探索，上蹿下跳，停不下来。

2. 节律性：规律还是随性？

维度	值高的特征（举例）	值低的特征（举例）
节律性	1.每天基本都定时定量喝奶或吃餐点 2.差不多同一时间睡觉、醒来 3.每天情绪起伏的表现与时间也很固定	1.每次喝奶的量相差很大 2.经常在不同的时间要求给予额外的食物 3.运动量的大小也不容易观察

节律性很有意思，就是孩子的生活作息和需求是否天生有规律。一个节律性高的孩子，到点会饿，定点入睡，连大小便的时间点都很固定。节律性低的孩子，饭量总是变化很大，睡觉和起床的时间不稳定，甚至也有可能因为肠道活动不规律，导致孩子的如厕训练进程比较缓慢等。

3. 趋避性：主动还是退缩？

维度	值高的特征（举例）	值低的特征（举例）
趋避性	1.能马上接受新的食物并咽下 2.能接受初次来家中的客人	1.置身新环境最初几分钟会表现出烦躁不安 2.对辅食品的浓度、味道、温度有改变时，最初的反应是拒绝

趋避性指的是孩子在面对新鲜刺激或新环境的时候，是选择主动接近，还是下意识回避的状态。比如：婴儿会不会介意更换奶瓶，会不会排斥新毛巾的味道；或者孩子看到一群陌生人，是主动迎上去还是谨慎观察；或者妈妈出差，孩子第一次跟奶奶睡觉，是一如既往睡得很安稳，还是一整晚抗拒哭喊着要妈妈……这些都是孩子趋避性的体现。

4. 适应性：默默摸索还是快速调整？

维度	值高的特征（举例）	值低的特征（举例）
适应性	1.对日常生活中梳头、洗脸等行为容易接受不反抗 2.进入新环境几分钟，就能够适应；改变辅食品只要1～2天就能接受	1.同一天内，对同一种吵闹声会有多次的激动反应(如狗吠、钟声) 2.与陌生人相处15分钟后，仍表现出警觉、害怕的样子

适应性是什么呢？就是孩子对环境和变化的适应快慢和程度高低的表现。比如有些孩子进入新环境几分钟就能够适应，大人临时改变某一个决定，孩子也能很快接受和配合，这便是适应性高的表现。而适应性低的孩子天生适应新环境的能力差，比如睡觉很容易被突然的噪声吓醒，或者每次遇到不喜欢的事情都会大哭大闹、决不妥协。

5. 反应强度：淡定还是夸张？

指标	值高的特征（举例）	值低的特征（举例）
反应强度	1.换尿片或衣服时，会有强烈的情绪反应 2.对陌生人无论喜欢还是厌恶，反应都很强烈	1.遇到熟人时的反应并不热烈 2.遭遇轻微的碰撞、疼痛仍然保持愉快或安静

反应强度指的是孩子反应或者情绪的表现程度。比如有些孩子不哭则已，一哭就撕心裂肺，停不下来，整个表现非常夸张。另外一些孩子可能只会在角落里啜泣。此外，一些孩子可能对消极情绪反应强度高，但是对积极情绪反应强度低，也是有可能的。再比如天生反应弱的孩子被人打了，可能只是惊讶地看着对方，并不还手，而天生反应强的孩子遇到玩具被抢走就声嘶力竭，甚至立刻反击。

6. 反应阈限：稳如泰山还是风吹就动？

指标	值高的特征（举例）	值低的特征（举例）
反应阈限	1.玩玩具时，会忽略熟悉的声音不加注意 2. 改变辅食品味道或浓度，继续进食没什么反应；当尿片湿了，没什么反应	1.当母亲服饰或发型改变时，宝宝会凝视 2.改变牛奶种类或给果汁时，会有所反应

反应阈限是刺激孩子产生反应表现的门槛。反应阈限值越高的孩子，对环境变化刺激的反应越稳定，而低反应阈限的孩子，会更敏感地留意到环境中的变化因素，迅速观察、留意变化并调整行为。

比如，晚上睡觉，低反应阈限的孩子可能因为盖的不是全棉被子，身体就会左挪右挪睡不安稳。需要补充的是，孩子反应阈限并不是统一针对所有的刺激，有些孩子的低反应阈限只针对声音或者色彩领域，在味道和气味领域则保持高反应阈限。

7. 情绪本质：乐天派还是消极派？

指标	值高的特征（举例）	值低的特征（举例）
情绪本质	1.换尿片和衣服时会发出愉快的声音，并做出愉快的表情 2.第一次到陌生环境也会有愉快的表现；遇到轻微伤害仍然保持微笑与安静	1.正要入睡或醒来时经常烦躁不安；自己一个人玩耍时会哭泣 2.当身体不舒服时，会表现出烦躁不安

情绪本质也比较有趣。有些孩子天生就比较乐天派，整天都笑呵呵，不管发生什么不愉快的事情，一下子就好了，也更容易跟别人愉快相处。如果做好了一件事情，自己也能想出办法庆祝一番。另一些孩子天生比较消极，容易因环境的细微变化而出现不安并且哭泣的反应，比如洗澡、剪头发时会哭、会抗拒，而听到别人取笑自己的话也容易生气，并表现出明显的不愿意。

8. 注意分散性：坐稳 30 分钟还是 3 秒？

指标	值高的特征（举例）	值低的特征（举例）
注意分散性	1.当孩子尿片湿了时，可以用抱他、跟他玩、看电视的方式来安抚情绪 2.喝牛奶、听到电话铃声时，会停止饮食并注意声音来源	孩子烦躁不安时，以玩具、歌唱、逗他的方式都不能安抚

高注意分散性的孩子，虽然很容易被别的刺激影响从而转移注意力，比如

5 分钟就换一个游戏，很难静静坐上 30 分钟，但你会发现他随机应变的能力也很高，总能眼观六路、耳听八方。低注意分散性的孩子，可以保持比较专注的状态，比如拼拼图半个小时纹丝不动，不管周围环境是否嘈杂，他不会轻易受影响。

9. 持久性：坚持到底还是随时更换？

维度	值高的特征（举例）	值低的特征（举例）
持久性	1.孩子可以连续玩一种玩具10分钟以上 2.看电视可持续一段时间 3.对喜欢的玩具，虽然伸手拿不到，但会尝试用各种方法去获得	1.每玩一种玩具，时间都不到1分钟，就想玩其他东西或做其他动作 2.观看其他小朋友做游戏时，不到1分钟就转移视线看其他地方

持久性和注意分散性是相互对照的两个维度。一个高持久性的孩子，做事能坚持，比如学习、练钢琴都有足够的自觉性，但发起脾气来，也不容易妥协，并不容易被劝说和转移注意力，父母需要具备更高级的情绪调节方法才能应对。而一个低持久性的孩子，可能很难坚持玩很久的游戏，但调节情绪的能力会更高，体现在消极情绪容易被引导和改善，父母会觉得在调解孩子的情绪时得心应手。

◆ 给孩子定制一张气质图谱

看完前面气质维度的分析，并结合本书附录的测评表格，我们可以尝试用九边形来给自己的孩子建一个初始的气质模型，比如下面这个图是我给我家两个孩子建的模型，当时 Eric 3 岁、Joshua 4 岁：

Eric

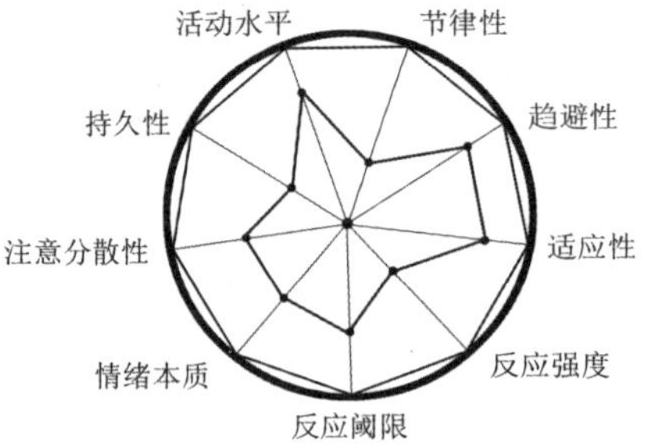

Joshua

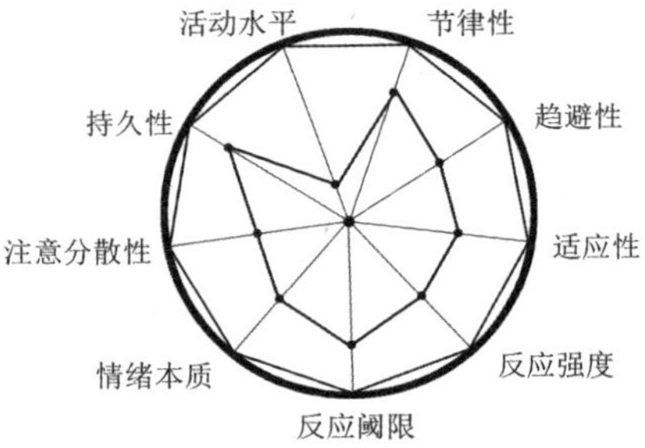

从这两张图中可以明显看出，我家两个孩子先天气质的不同之处。接下来轮到你了，你可以尝试在下面的空白表格里画出自己孩子的气质模型[1]，并且记录下孩子的年龄和自己的观察：

姓名：________________

年龄：____岁____月____

笔记栏（我的观察）

____

____

____

____

____

____

____

____

---

1 在托马斯和切斯的研究中，除了9大维度，他们也根据大数据对孩子的性格特征进行了归纳，分为易养型（Easy Children）、难养型（Difficult Children）和适应缓慢型（Slow-to-warm-up Children），但后来研究也指出，仍有一大部分的孩子并不能被归到这三类中的任何一类，这也是卡根提出的托马斯和切斯研究的局限性之一，如果父母只停留在这三类性格特征的刻板印象里，容易形成偏见。感兴趣的朋友可以直接阅读杰罗姆·卡根的*The Temperamental Thread*等相关著作。

记住先天气质的差异性并不能左右孩子的命运，但可以成为你看到孩子、读懂孩子的入口。不管何时何地，不妨花点儿时间去填写这份表格，尝试跟自己的教养方式开展一个自我对话，问问自己：

我期待中的孩子是什么模样：__________

孩子现在真实的模样是：__________

这个期待是否合理，为什么？__________

我可以协助孩子的地方是：__________

这些反思和提问都可以帮助我们保持内察的习惯。本书在接下来的 12 个章节里，将会针对孩子的先天气质讨论早教和教养两个大主题，探讨影响孩子成长的重要因素。在看完整本书后，我也希望你能再回头看看自己在这一页里写下的内容，重新思考孩子的气质，思考适合自己和孩子的良好匹配模型，再次梳理出自己可以协助孩子的地方。

要记住，如果我们所做的每一件事情都能更好地激发孩子的内生动力，促进孩子在各领域的潜能发展，他们必然会时刻保持进步。

> 本书所提供的先天气质测评表也有电子版，可以扫旁边的二维码发送文字消息“教养力导论”，在线填写并测试孩子的先天气质，即可查看电子版的测评结果和自动生成的气质维度表，帮助你更好地了解孩子。

Chapter 1

如何激发孩子的超凡创造力

法则1

通过体验吸收知识，通过游戏唤醒创意，为创造力源源不断地加入原料。

一个喜欢探索、精力旺盛的孩子在家的表现往往是这样的：他们乐此不疲地探索身边的新素材，并且总能找到运用这些素材的方法；他们可能会把抽屉翻得一团糟，把玩具都拆掉，似乎总有素材让他们产生灵感，并且他们会孜孜不倦地探索。

很多时候，孩子天性好动的背后也藏着创造力的种子。爱探索的孩子就像海绵一样，不受时间和空间的限制，不断吸收知识，总是天马行空地思考未知的事情，他们对环境时刻保持的好奇心让创造力可塑性非常高。

这个苗头可能很早就出现了，比如婴儿期的孩子用吸吮和爬行了解世界；2 岁多开始爱问为什么，总提出无厘头的问题；3 ~ 4 岁的时候喜欢东摸摸、西看看；到了 5 ~ 6 岁的时候，孩子的好奇心会得到进一步的发展，不是只满足于表面现象，而是经常会寻根究底，有着强烈的求知欲。

如何才能更好地激发孩子的创造力？知识学习会不会扼杀孩子的创意和想象？有没有什么误区是我们需要警惕的？我接下来都会一一介绍。

创造力的核心要素是行动

在讨论创造力的时候，我们时常会对定义产生困惑。

创造力的传统定义大多是指“大写 C”（C 即 Creativity）创造力。它指的是发明了一项被社会所认定的创新事物，比如电灯、计算机的发明都属于这种。

但实际上，我们在生活中遇到的更多是“小写 c”（c 即 creativity）创造力。它指的是一个人的新想法或者制作出来的新产品，比如当一个孩子第一次用混色来创作手指画，这富有创意的行为就是创造力的表现。

举个例子，我们玩积木时不小心把积木掉到沙发底下，我们可能倾向于找一根棍子把积木从底下扫出来，而我们的孩子却努力尝试把沙发推开，甚至趴在地上，紧紧靠着沙发缝隙伸手去够那块积木。孩子的做法是否具备创造力呢？答案当然是肯定的，它符合“小写 c”的定义，当孩子自发去想一个问题的解决方案，并且付诸行动的时候，这便是孩子宝贵的创造力的表现。

正因为如此，创造力研究学者保罗·托伦斯（Paul Torrance）将创造力定义为一种能力。不是只有第一个创造出事物的人，才叫作有创造力的人。在孩子的养育过程中，我们更需要关注“小写 c”，让创造力成为孩子思考和行动的原动力，因为所有的“大写 C”，都孕育在无数的“小写 c”的土壤里。

这里包括了两个部分：一是想法，即构思的产生，孩子萌发想法和计划，或者尝试去思考某个答案；二是过程，这里包括通过独创的方式将构思表达出来，即我们投入行动去证明想法是否可行或者答案是否正确，并且将自己理解和获得的信息展示出来。

> “创造力 = 过程 + 想法”，这个公式构成了创造力密不可分的两个要素。

孩子的创造力不是想到了一个“新的主意或者想法”就行，如果你的孩子今天说了一个新的主意，还不能算是“创造力”的完整形态，而是孩子应该把这个想法推动下去，不管是写出来、画出来、表演出来，还是其他执行的过程，只有投入其中，孩子才算真正发展了自己的创造力。

学习知识是创造力的基础

我曾听说过一个观点，这个观点认为游戏和学习是对立的，如果不想让孩子的创造力被带偏，那么最好的教育方式就是不教、不导、不作答。在这个观点的引导下，很多家长会陷入另一种担心：孩子上画画兴趣班，会不会抑制画画的灵感？背诵会让孩子变成墨守成规的书呆子吗？学龄前学习拼写和汉字，孩子会不会被禁锢了想象力？……他们觉得知识学习最终只会破坏孩子的想象力和创造力。

但在担心“知识传授会给创造力带来毁灭式影响”的背后，其实也是在一刀切地看待问题。错误在于不理解孩子创造力发展的规律，忽视了孩子在创造力发展过程中的主体位置，也没有理解学习知识是创造力的基础。

孩子学习并掌握基本技能，并不会抑制孩子创造力的发展。事实上，成熟的创造力，离不开知识的输入。创造力并不是无根之木，它需要持续发展的肥料，要和知识紧密结合。在孩子的创造力潜能真正发挥出来之前，知识与技巧是必需的，因为能力与能力之间可以彼此成就。

美国创造力研究专家托伦斯指出，解决问题的思考模式有两种，一种是聚敛思考（Convergent Thinking），一种是扩散思考（Divergent Thinking）。

> 聚敛思考让我们只产生一种答案或单一的解决方法，但扩散思考则会出现许多答案。要培养成熟的创造力，聚敛思考和扩散思考的能力，缺一不可。

之前我跟兄弟俩睡前玩过一个游戏，我随手给孩子一个小物品，比如刚折好的小船，或者刚刷完牙的小漱口杯，然后就开始互相提问："想一想这个东西可以做什么呢？"以两分钟计时，我们一个人说，一个人统计答案数量，说出来的用途越多越好，说得多的人就获胜。这个过程中 Joshua 和 Eric 都会有很多脑洞大开的想法，比如"笔筒可以给蚂蚁当游泳池""给大象当帽子"等，游戏的目的就是看"谁想的点子更多"。

这个看似简单的"认知大挑战"游戏，是心理学中用来测试学龄前孩子创造力高低的游戏之一。学者们主张"创造力是以知识为基础逐步形成的，没有知识，也很难有创造力"。托伦斯联合研究人员在实验室中拿出几种日常用品来，让学龄前的孩子们来想一想它们有什么用途。结果发现，孩子们对着餐刀和衣架这类物品，只能想出少数几种用途。而这恰恰反映了，孩子基本上不具备任何使用餐刀或者衣架的知识。即便孩子们有很多想法，但如果他们生活中压根就不知道餐刀和衣架的用法，想破了脑袋，他们也没有太多创新的想法。相反如果把测试物品换成箱子和纸巾，孩子提供的答案数量就多得多了。

生活中我也经常遇到这样的情况。比如在 Joshua 探索编程创意之前，我们得先掌握基本的编程规律和代码（聚敛思考），他才有机会去探索自己的游戏创意（扩散思考）。令人欣喜的是，他后来自己设计了赛车轨道，并成功地让自己的赛车穿越障碍物，取得了胜利品，这是他的创意赛车游戏。

在这个例子里，如果孩子没有先学会正确的操作方法，或者不了解基本概念，孩子又怎么会有机会体验创造的过程呢？创造并不只是给孩子一套玩具，让孩子从 0 到 1 自己摸索出规则，那只是创造力很小的切面。在成长过程中，孩子会有很多可贵的创造力，都藏在解决问题的过程中，这也是充分结合聚敛思考和扩散思考的过程。

认知灯泡体验是创造的内驱力

对于孩子来说，最理想的学习知识的过程，我们称之为“认知灯泡体验”。当孩子通过分析和摸索找到一个解决办法或者一个答案时，就好像突然之间头顶上亮起了一盏灯，他意识到“我懂了”，这个体验也称为“顿悟时刻”（Aha Moment）。

> 如果孩子能够持续处在认知灯泡体验的兴奋中，那么他探索的惊喜感便会一直保留，这也是很多孩子灵活运用知识进行创新的内驱力。

对于父母来说，要想让孩子达到“我懂了”的状态，就要想办法引导孩子逐步理解、吸收我们要传递的知识，让知识变成他们的一部分。如果我们要教会孩子一个复杂的游戏和逻辑指令，可以把指令进行拆分，分步骤告诉孩子。当孩子完成第一个步骤后，再告诉孩子第二个步骤要做什么，当孩子完成了第二个步骤后，再告诉孩子第三个步骤要做什么等。这个过程看起来麻烦，但都是很好的认知灯泡体验示范。

◆ 死知识和活知识

经常鼓励孩子提出问题，是激发创意的必经之路。

> 让孩子可以从提问中产生探索世界、发现规律的好奇心，可以帮助孩子构建完整的知识体验，也可以避免孩子只浸泡在灌输式的信息输入过程里。

举个例子，很多人认为想学好数学就是要背诵运算口诀表，但实际上如果孩子不明白数与数之间的关系，背诵口诀表对孩子的启发也是有限的，既达不到对知识的认知灯泡体验，更无法让孩子保持对创意的好奇，这种知识我们只能称之为“死知识”。

如何才能让孩子掌握的知识“活起来”呢?

那就是增加思考和探索的刺激，我们可以跟孩子玩生活中的数学游戏，让孩子明白数字与数字之间的关系和规律，甚至还可以运用场景来帮助孩子理解。我们向孩子提出问题，也鼓励孩子向我们提问题。经过这些具体的体验，孩子才能真正把知识盘活，才能知道如何更好地运用这些知识。

所以，我们一定要时刻提醒自己，保护孩子的好奇心就要鼓励提问。在教授孩子知识的过程中，提醒自己要允许和鼓励孩子在生活中检验知识，比如观察、思考和提问。只有做到了这些，知识才不会成为孩子创造力的阻碍。

通过模仿游戏激发创意

好的启蒙活动可以帮助孩子意识到，即便是有“参照标”，但我们还是可以用自己的方式去自由表达，让我们创造出自己的标准，发挥出自己的特点，这种活动就是创意模仿游戏。我经常和孩子形容说这是“魔法人游戏”，我们家的游戏清单包括：

- “一根剥开了皮的香蕉”游戏
- “老爷爷捋着胡须在屋顶上行走”游戏
- “一张在风中飘扬的纸”游戏
- “小企鹅弹跳的身影”游戏
- “船在大海中翻滚的样子”游戏
- “雪糕融化的心情”游戏
- “风跟云朵跳舞的样子”游戏

命题作文的要点只有一个，那便是足够形象。大家可以仔细揣摩每一个游戏的名字，比如“一根剥开了皮的香蕉”“老爷爷捋着胡须在屋顶上行走”“雪糕融化的心情”，每个游戏都是根据一个物品、场景或故事命名的，但都充满了想象力。

以“一根剥开了皮的香蕉”游戏为例，这是我和孩子的“命题作文”，孩子拿到这个游戏主题后，就要想象自己是一根“香蕉”，通过语言和表情来演绎这根香蕉到底是一根怎样的香蕉，以哪种心情、哪种状态来呈现“剥开了皮”的效果。

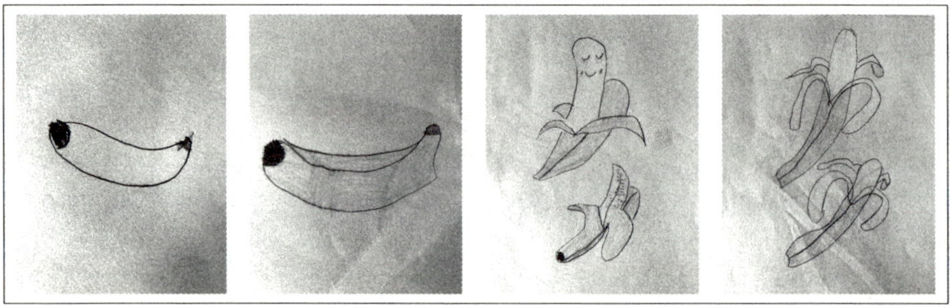

孩子的绘画作品《剥皮的香蕉》

你会发现全家一起玩这个游戏的时候，简直就是五花八门的表演，各种好笑的、滑稽的“香蕉”形象让人忍俊不禁，各种奇怪的描述让人捧腹大笑。轻松又益智，这就是游戏的特点。只有当孩子认识到很多事情没有唯一的标准答案，知识和想象力之间并不冲突，孩子才能积攒更多的勇气突破自我；只有让孩子感知到自己的特点和创意，他们才不会害怕展示自己的与众不同，才不会胆怯地产生“我和别人不一样，是不是就错了”的想法。

◆ 问题不会只有一个答案

为什么标准答案会让人担心扼杀孩子的创造力？正是因为过度教导。

> 过度教导会让很多孩子的创造力枯竭，这里主要是指两种过程，一是对孩子所有的问题都设置了标准答案，二是无时无刻对孩子的想法和答案进行纠正。

凡事都设置标准答案，只能让孩子学会跟着标准走。比如日常生活中你也许会和孩子说这些话：“太阳是红色的，宝宝，你怎么画成了蓝色呢？”“1加1当然等于2，你记住我说的。”“我告诉你解开这个谜题的最快方法，你不需要怀疑。”

无时无刻不在对孩子进行纠错，会打击孩子的探索欲望。比如日常生活中你也许会做这些事情：看到孩子在用积木拼图形，如果孩子告诉你“这是我的小熊”，你会立刻纠正他，“小熊不是这样拼的，你这样拼出来就是四不像”；发现孩子想探索科学实验，比如拿洗手液去制造泡泡水，你忍不住直接上手教导，“洗手液才变不了泡泡水呢，这根本就是不同成分的东西”。

当标准答案成为孩子活动的唯一标准的时候，孩子自然也会在生活中习惯定势思维，认为所有的事情都只有一种答案，最终只会束缚住孩子本身的创造力。

◆ 开脑洞的艺术

有时候，孩子的一些奇思妙想确实没有办法直接变成现实。比如我家的两个孩子迷恋宇宙的时候，他们就想要“在火星上盖房子”，而且要求必须得是那个“火星”，其他地方都不可以。这种时候，“假设思考”游戏其实非常好用。“假设思考”游戏是假设具备完成心愿的所有材料和方法，父母引导孩子专注思考如何实现想法。下面是我和孩子玩过的 3 个“假设思考”游戏：

- 假设你可以在火星上盖房子，你会如何开始计划呢？
- 假如你在火星上遇到了火星人，你能问他 3 个问题，还能让他为你做 3 件事情，那你会对火星人说什么，会让火星人做什么？
- 如果明天起床后发现我们变得跟爱丽丝（读完《爱丽丝梦游仙境》后）一样，那么我们在火星上会遇到什么事情呢？

然后，我也会跟孩子反复沟通这些话题，并不断修正我们的想法：“昨天，我们讨论了在火星上盖房子的事情。我们现在已经决定了要先穿上宇航服，并且带上奶酪，因为你觉得火星上有火星老鼠（源于他喜欢的一本绘本《Mars Mouse》)，可以把奶酪送给它们。好，那继续想想看，我们接下来会怎么做呢？……”这个游戏的重点不在于问题是否精妙，而在于我们如何和孩子一起完成整个任务，所以大家都可以随意发挥。

很多家长担心知识传授会扼杀孩子的创造力，实际上这是对自己如何保护和解放孩子创造力的不自信。在创造力的启发上，过程永远比结果重要，我们完全可以假设眼前就有宇宙飞船，也有各种奇妙的东西，只要深入讨论，这些想法都可以在想象中执行。

> 很多时候，学习并不会扼杀孩子的创意。有价值的知识让人回味无穷，孩子也需要通过寻找和体验才能更好地感受和吸收知识。

用游戏的方式卸下孩子的枷锁和压力，让孩子没有后顾之忧，自然也可以给他的自由表达和创意探索提供土壤，让孩子可以去思考，也可以去想象，最终还可以去体验探索的过程。

让孩子既能掌握良好的聚敛思维，也能有足够的机会去发展扩散思维，若这两个环节做得妥当，孩子便能源源不断地给自己的创意加上足够的“原料”。

Chapter 2

如何守护并培育孩子的好奇心

法则2

创造安全提问空间，提升问题质量，促进孩子有效思考，孩子的好奇心和思考将会碰撞出大惊喜。

作为创造力的重要伙伴，好奇心的研究也很有趣。我之前看过英国《独立报》的一个调查，调查者在采访了1500个家庭和小朋友后指出：一个2～6岁的孩子，平均每个孩子每天会提73个问题；宝宝好奇心达到峰值的年龄是在4岁左右；妈妈平均每周要回答孩子近500个问题；孩子提问的时间总长度可以高达14个小时；近1/3的爸爸妈妈表示面对孩子的好奇心时都感到“筋疲力尽、绝望、棘手、无所适从”。

但在这个调查中，约有40%的爸爸妈妈表示，正是因为孩子的好奇心，让他们找到了变成“无所不能”超级爸妈的奋斗目标，最终成为孩子心中的榜样。的确，头疼归头疼，不管怎么说，提问是孩子有好奇心的表现，是激发创意的必经之路。在孩子不断提出问题的过程中，孩子也是在主动地探索和成长。仅仅让孩子提问是不够的，我们还需要帮助孩子把提问变成触点，让孩子借此打开创造力的世界，这才是最好的方向。

用提问面对孩子的“十万个为什么”

每个孩子都会迎来爱提问的阶段，有些孩子可能两岁便开始进入“十万个为什么”阶段，有些孩子可能要到3岁。孩子提问的过程，是启动自己大脑思考的过程，它需要一定的想象力，并且很需要父母的鼓励。

1944年，物理学家依西多·拉比（Isidor Rabi）因发现原子核在磁场中的共振方式而获得诺贝尔奖。我们如今能够使用汽车导航找方向也是因这个发明才得以实现。当他发现前人未知的核磁共振技术的时候，曾经有人问其中的秘诀，想知道他为什么会有这么独特的想法。当时他回答说：“我小时候从学校回家，妈妈总是问我，孩子你今天上学问了老师什么问题呢？母亲的提问正是我能够成功的原因之一。”

想起我们小时候放学回家，可能收到的父母提问是：“你有没有好好听老师的话？好好念书？”但在拉比的例子里，妈妈的提问是为了帮助孩子保持好奇心。这个持续不断地提问和探索的过程，也决定了拉比的思考方向、学习态度，甚至是未来的走向。

> 在做出判断和行动之前，好的、正确的问题可以帮助孩子掌舵。如果你发现孩子好像没那么喜欢问问题，原因大多是我们没有给予孩子足够安全的提问空间，孩子没有感受到“自由提问”的氛围，也没有感受到大人对自己好奇心的支持，所以慢慢就抑制了自己提问的冲动。

针对这个现象，有 3 个小建议可以在日常生活中随手做起来：

◆ 学会反向提问

反向提问让我们把陈述句变成疑问句，并进行下一步延伸。比如，当孩子说：“我不喜欢这个刷子刷东西的方式。”那我们可以让孩子说说原因：“为什么不喜欢这个刷子呢？”或引导孩子思考解决方式：“你认为可以怎么样改进它？”

◆ 减少封闭式问题

封闭式问题是指可以用“是”或者“否”，或者一个具体的词来回答的问题。比如我们问孩子“你画的是太阳吗”或者“停车标识的颜色是什么”，便是封闭式的问题，这样的问题都要尽量少问。

◆ 多采用开放式提问

在激发孩子好奇心的过程中，开放式问题可以让孩子分享自己的想法，说出自己的思路，并且让孩子感受到我们的重视。比如我们可以采用知识性的开放式提问方法：“你对这个东西有多少了解？”这些提问非常适合平时和孩子做科学实验、户外探索的场合，从好奇心出发，引导孩子从自己了解的部分入手，一点点地思考问题。

将主动思考引入亲子阅读

书本是培养孩子思考能力最好的工具，学龄前有过大量阅读的孩子，将来独立学习能力的基础也会更扎实。但跟孩子一起读书，父母并不只是简单地念文字，或者直截了当地告诉孩子答案。如果孩子习惯了直接得到答案，就会把成人当成他的解题百宝箱。

因此，我们需要鼓励孩子多探索，跟孩子一起研究不懂的单词、找相关的资讯，或者拿书中的故事来进行各种游戏，这个过程可以将跟孩子的开放式讨论变成“问题游戏”。问题游戏可以让孩子更加投入地参与阅读过程，并且从多方面讨论问题，从而提高自己的综合思考能力。问题游戏根据类别不同，可以分为 4 类：文本事实提问、阅读观感提问、想象提问和解析提问。4 岁以下的小朋友可以先围绕前面 3 种提问方式交流，4 岁以上的小朋友就可以跟父母进行更多的想象提问和解析提问了。

以经典故事《小蝌蚪找妈妈》为例，我是这样设计 4 个问题的：

◆ 文本事实提问

“小蝌蚪为什么要找妈妈呢？”

“小蝌蚪找妈妈的过程中，遇到了谁？”

询问书里的内容，就是基于事实的提问。对于孩子来说，文本事实提问可以帮助孩子理解文本，协助孩子思考和解读故事内容，也可以帮助专注力不够的孩子重新调整注意力。因为即便孩子回答不出来也没关系，去对应找文本就可以了，保持一个轻松的讨论氛围，孩子也会更积极地投入思考的状态里。

◆ 阅读观感提问

“小蝌蚪发现妈妈不见了，你觉得它的心情是怎样的呢？”

“你觉得小鱼告诉小蝌蚪，她不是小蝌蚪的妈妈，这个做法合适吗？为什么？”

阅读观感的提问可以帮助孩子延伸思考的广度，让孩子去思考故事情节中的感受、行为的评价、价值的判断等深度话题，可以帮助孩子提升辩证思维方式，找到看问题的不同角度。别忘了问问孩子是怎么想的，当我们鼓励孩子去分享自己的感受时，无论答案是什么，我们都需要认同孩子判断的依据。因为问题本身就没有唯一的标准答案，所以也不要去预设答案。

◆ 想象提问

“如果小蝌蚪没有找到妈妈，会发生什么事情？”

“如果小鱼把小蝌蚪当成自己的孩子，小蝌蚪会遇到什么事情呢？”

询问书本里没有的内容，或者利用一个新的场景来引导孩子思考不同的选择或假设，这便是想象提问的依据。这类问题是激发孩子想象力很好的方法，因为没有答案，一切都可以脑洞大开。听一听孩子观察的角度，以及他对自己想象世界的描述，把想象当成愉快的飞翔翅膀，这当然可以成为亲子间快乐的互动游戏。

◆ 解析提问

“为什么故事里小蝌蚪妈妈不陪着小蝌蚪长大，而是要让小蝌蚪去找她呢？”

能够产生不同意见和分析的提问就是解析提问，这可以让孩子重新去思考文本故事的内容逻辑，也可以帮助提升孩子的辩证思维。举例来说，如果孩子认为，小蝌蚪妈妈不陪着小蝌蚪长大是因为妈妈生了太多宝宝，顾不过来。那我们就可以继续问孩子：“你怎么知道蝌蚪妈妈生了太多宝宝啊？”引导孩子从书本内容里找到线索作为论据来证明他的观点。接着，还可以继续问问孩子：“这个故事里，只有一只小蝌蚪去找妈妈，其他小蝌蚪去哪里了呢？”这便是保持跟孩子的持续互动，让孩子深入思考一个后续的问题，日积月累后便能发挥出作用。

引导孩子提出高质量的问题

我在和孩子相处的过程中有个很深刻的体会，就是我们需要重视提问的质量。爱提问是孩子启动思考的一部分，但如果我们没有引导和鼓励孩子进行更多的思维练习，那么有可能会出现一种情况，即孩子不知道如何把提问和思考结合在一起，不知道如何提高自己的提问质量。

这种状况我在 Eric 3 岁前后就遇到过。当时，我发现 Eric 很爱提问，但是问题总是东一榔头西一棒子，没有任何关联。有些问题明明是相似的，但 Eric 反复发问，对问题进行机械模仿。举个具体的例子，Eric 有段时间经常这么问我："妈妈，太阳是什么？""那'阳'是什么？""那'什么'是什么？""你说的是什么呀？"这些提问的实质意义都比较弱，更像是复读机在重复播放。要让孩子从机械提问过渡到创意提问，我们可以从两个维度来改善：

◆ 减少回答，多引导孩子探索

直截了当地告诉孩子答案，会让孩子失去学习的机会和探索的过程，也会把成人当成他的解题百宝箱。所以在意识到 Eric 有这样的表现时，我就在家里引入了更多探究式学习（Inquiry-based learning）的方式，这里是基于教育哲学家约翰·杜威（John Dewey）[1] 提出的理念。

我很认同杜威的观点，"教育就是儿童现在生活的过程，而不是将来生活的预备"。对孩子而言，最好的教育就是"从生活中学习，从经验中学习"。教育就是要给儿童提供保证生长或充分生活的条件，生活就是发展，而不断发展、不断生长的过程，也同样是生活。

---

1 约翰·杜威，美国哲学家、教育家，实用主义的集大成者。杜威就教育本质提出了他的基本观点："教育即生活"和"学校即社会"。杜威提出了"从做中学"这个基本原则，教学过程应该是"做"（how to do）的过程，如果儿童没有"做"的机会，那必然会阻碍儿童的自然发展。

实践工具箱

制作一本“探究式学习”的问题书

跟孩子一起制作一本“探究式学习”的问题书吧！哪怕孩子年龄再小，也要把孩子好奇的问题记录下来，这样便可以让孩子看到自己的学习、提问和思考的路径。探究式学习遵循一个三步走的过程，可以融入孩子的很多学习课题中。对于任何一门新的主题，都可以引导孩子提出 3 个问题：

(1) 关于这个主题，我知道什么？

(2) 关于这个主题，我想知道什么？

(3) 关于这个主题，我学到了什么？

在探究式学习中，以上 3 个问题即运用到“KWL 表格”（“我知道什么”，即“Know”，“我想知道什么”，即“Want”，“我学到了什么”，即“Learned”），这也经常被用来跟踪孩子的进步。

KWL 表格

主题：________		
K 我知道什么（What I know）	W 我想知道什么（What I want）	L 我学到了什么（What I learned）

探究式学习通常从一个开放式的“大问题”开始，这个问题可能有很多的答案，大多数情况下可以由父母提出来，并促使孩子更深入地思考。

◆ 多跟孩子玩思维导图的游戏

对于低幼孩子来说，还有一个很好的启发思维的方法，那就是利用思维导图，引导孩子消化知识整体和细节之间的逻辑。

我们可以尝试在共读的时候，这样来引导孩子：用手指指着整页的内容，问问孩子“这一页讲的是什么”；用手指聚焦细节部分，告诉孩子“我观察到了什么”，或者和孩子进行讨论“你从这两个地方中了解到什么知识”。

接着我们可以选择合适的思维导图类型来帮助孩子整理思维过程，启发孩子理解知识的内在结构。

实践工具箱

8 种常见思维导图模式

思维导图（Thinking Map），就是借助可视化的呈现来帮助整理思维的工具。我觉得有一点非常重要的是，思维导图可以帮助巩固知识点，最终让知识点之间的逻辑关系内化到我们的思维过程中。

思维导图的模式其实有很多，常见的模式有 8 种，更适用于低幼孩子的是圆圈图、泡泡图、括号图、流程图和树状图。

(1) 圆圈图（Circle Map），主要用于归类、总结。

(2) 泡泡图（Bubble Map），主要用于解释、定义。

(3) 流程图（Flow Map），主要用于时间或流程的展示。

(4) 括号图（Brace Map），主要用于细节、内容的解释和延伸。

(5) 树状图（Tree Map），主要用于分类。

(6) 双泡图（Double-Bubble Map），主要用于两个事物间的对比。

(7) 复流程图（Multi-Flow Map），主要用于表示对比、因果关系。

(8) 桥形图（Bridge Map），主要用于突出重点，同时展示流程。

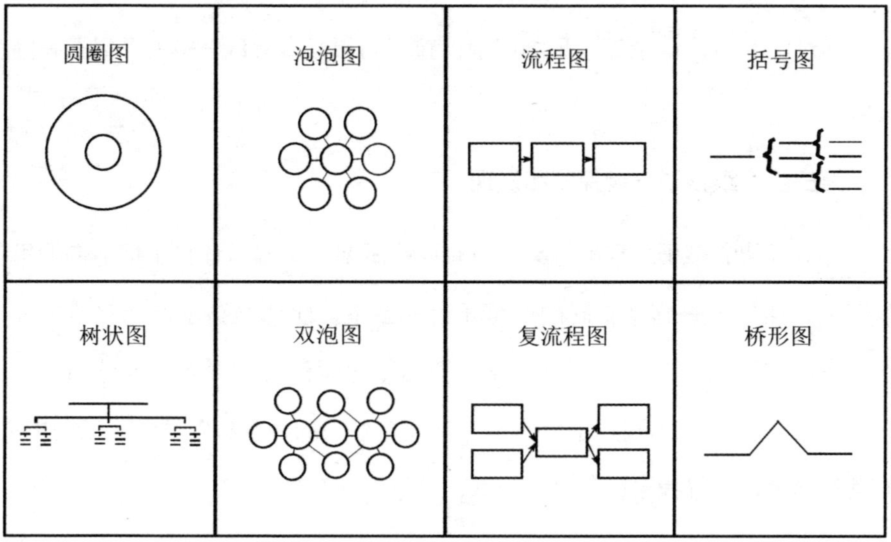

结合探究式学习和思维导图，我们以一个主题为例来介绍具体做法。在Eric 3岁半、Joshua 5岁的时候，我跟他们一起讨论“苹果”这个主题，当时我们讨论的问题是：苹果从哪里来。

第一步，找出孩子已经知道的东西。

哪怕孩子年纪再小，当你问孩子苹果从哪里来的时候，孩子也会告诉你一些他们知道的状况。让孩子用涂鸦或者口述的方式来表达，我们把这些已经知道的东西记录在KWL表格的“我知道什么”部分。

当孩子表达他们知道的东西时，鼓励孩子通过涂鸦等方式画出来，然后用简单的词汇描述或者解释，这样就可以提高孩子的思考力。

第二步，了解孩子想知道什么东西。

在已知的基础上进一步跟孩子沟通，我们还想继续了解什么，鼓励孩子提出跟苹果相关的问题，比如当时我家两个孩子提出的问题就包括以下几个：

“妈妈，苹果为什么有不同的颜色？”“为什么有的苹果轻，有的苹果重？”

通过这种方式记录下孩子的问题，孩子可以从 KWL 表格里看到充满好奇心的自己。

第三步，跟孩子一起探索和发现。

针对低幼的孩子，标准答案并没有那么重要，关键是让孩子把他们的思考写下来，让孩子去感受不同问题可能有的答案。比如当孩子询问“苹果为什么会有不同的颜色”时，可以引导孩子细化他所猜想的原因，当时 Eric 提出了一个观点：“种在不同的土里，所以苹果有不同的颜色！”鼓励孩子画出来，并且持续更新、寻找自己的答案。

第四步，把孩子学到的记录下来。

因为这个讨论的主题是“苹果”，当我们在接下来的日子里看到跟苹果相关的话题时，其实都可以收集起来成为孩子学习的一部分，比如在绘本里看到不同颜色的苹果、苹果的作用和功能，都可以叠加进孩子的 KWL 表格里，这不仅仅是对孩子好奇心的鼓励，而且也大大丰富了孩子对于苹果认知的知识库。

我经常跟孩子做 KWL 表格，但实际上一些表格可能要花上半年才能填完整，像制作苹果的那张图，我们就整整花了一个月，现在仍然还会继续更新信息。比如孩子问过的“独角兽为什么头上有个角”便是他们看绘本时好奇的提问，但是要找到这个答案一点儿都不容易，那就把答案留白，给独角兽建立一个单独的空白表格，等遇到相关内容的时候，再填进去。

把父母不容易回答的5大问题变成教养机会

实际上，孩子提出的一些问题家长并不容易回答。比如生老病死、生命起源、自然灾害等，所以我们还是需要提前把握沟通的大原则，这样跟孩子沟通起来，才能真正做到既满足孩子的好奇心，同时也能够帮助孩子持续探索。

◆ 生命周期话题："人为什么会死？"

"我的蝌蚪去哪儿了？""豆芽为什么枯死了？""为什么楼下的蜗牛死了？""为什么人会死呢？"……

这些话题我都跟孩子们聊过。如果要跟孩子介绍死亡的概念，比较好的方式是从植物或者宠物的死亡开始（如果孩子养了宠物的话）。之前我家孩子的学校养了蝌蚪，某一天蝌蚪意外死亡，孩子们还开了一场哀悼会。同样，一棵植物，比如泡黄豆芽，豆芽枯萎死亡了，这些都可以成为我们跟孩子讨论死亡的契机。

当我们开始种植的时候，就需要跟孩子沟通生命周期这件事情，告诉孩子："这颗豆子会发芽、会成长，但是由于寿命比较短，所以它不会一直长大，可能3～5天就枯萎了。"很多孩子没有办法接受身边的人或物死亡这个事实，恰恰是因为之前没有做好心理和认知上的准备。

这几年沟通下来，我家两个孩子对生命周期的定义已经比较清晰，因为生、死是彼此相关联的，无论植物、动物还是人类都有生命周期，我们也一样，出生，在世界上活一段时间，然后去世。人类的生命周期比较长，所以如果没有其他意外，我们就能互相陪伴很长很长的时间。

人为什么会死呢？是因为他的呼吸已经停止了。当一个特定的器官停止运作，或者某种疾病到了无法治愈的时候，人就会停止呼吸。我们也可以尝试告诉孩子："我们因为死亡而感到悲伤，这是很自然的事情，我知道你是为自己失去的东西而感到难过，我也跟你一样感到难过。"

实践工具箱

种子观察日记

适合年龄：2 ~ 6 岁

除了大自然，阳台、花园也是孩子探索生命周期的宝地。我们在最初教孩子认识植物的时候，可以从不同部位开始教起，还可以带着孩子观察植物的颜色、大小，叶子的材质、重量等。植物的用途也和孩子的日常生活息息相关，学习有关植物的知识时，数学概念、科学概念，甚至语言和读写概念都可以渗透在里面。

【材料准备】

很多不同形态的种子，水、纸巾和透明的杯子

【游戏步骤】

(1) 拿出不同形态的种子，让孩子分别猜猜是什么种子。

(2) 建议孩子用绘画或树状图等方式，把种子形态记录下来。

(3) 邀请孩子一起，把几种种子分别种下来，并做好生长记录。

(4) 对于发芽的种子可以引导进行观察和记录。

"你打算怎样观察种子？"

"你会借助什么工具观察种子？"

(5) 当种子发芽后，提出疑问引导孩子思考。

"它的根是朝向哪边的，芽呢？"

"它的芽现在是什么颜色？"

"你觉得它比前一天长大了吗，你是怎么知道的？"

"你有没有感觉种子周围的环境发生了变化（比如纸巾变黄）？"

(6) 对于没有发芽的种子，可以跟孩子一起讨论没有发芽的原因。

“你觉得（某某）种子为什么没有发芽？”

“你觉得它还会发芽吗？”

“你认为种子发芽需要什么条件？”

◆万物起源话题：“我从哪里来的呢？”

关于生命的起源，孩子们也问过很多了：“我从哪里来的呢？”“妈妈，你那会儿肚子那么大是因为有弟弟在里面吗？”“我什么时候才能长大啊？”“为什么奶奶会有白头发呢？”……这类提问层出不穷。

最好的方法是用科学的方式有逻辑地跟孩子介绍，我经常跟孩子做的活动是“对比”，比如伸出手跟孩子的手比较一下，或者把全家人的手都摊开互相看，跟孩子讨论从大家的手纹里，可以看到手纹是怎样随着年龄增长而变化的。

植物会有春夏秋冬的变化，树木的年轮也有年月变化，这是一个自然的演变过程，这些讨论都会引导孩子观察、思考并且寻找生命的轨迹。在这些探索中，我家孩子就留意过为什么有些人老了会驼背而有些人不会驼背，为什么有的动物生命周期有 3 年而有的动物只有 1 天，等等，这些都体现了孩子的好奇心。

我家孩子也会问我：“妈妈我是从哪里来的？”比较简单的方式是告诉孩子，宝宝都是在妈妈肚子里长大的，妈妈的肚子会随着胎儿的长大而变大，这个过程要 10 个月。那么胎儿是怎么形成的呢？这个问题就比较复杂了，我一般会结合绘本或者视频来跟孩子解释，这样解释起来也就更清晰。

实践工具箱

认识自我游戏

适合年龄：2 ~ 6 岁

我们可以询问每个小朋友："你可以做什么呢？"如果家里有两个或两个以上的小朋友，可以约定一个合适的时间轮流问对方，或者大人和孩子组成一组，互相询问并把每个问题的答案记录下来。可以采用写字、画图或者录音的方式，比如可以尝试这么问：

妈妈："弟弟告诉我，你可以做什么呢？"

弟弟："我可以刷牙，哥哥你可以做什么呢？"

哥哥："我可以踢球，妈妈你可以做什么呢？"

妈妈："我可以唱歌，弟弟你可以做什么呢？"

当收集了这些提问之后，我们可以准备一本相应的绘画本，让孩子对着自己所记录下来的信息，进行涂鸦和画画，并且贴上自己的照片，做成一个简单的自画像册，写上"我可以做什么""我喜欢什么""我讨厌什么""我最好的朋友是谁"……最后让孩子写上名字、年龄、喜欢的颜色等。可以每年都做一次，帮助孩子建立每年都在成长、进步和变化的自信心。

◆ 自然现象话题："为什么会打雷闪电？"

"为什么会发生地震？""什么是闪电？""为什么洪水会把城市淹没？""为什么瀑布上有彩虹呢？"等等。回答这些自然现象的问题时，一定要完全基于科学常识去跟孩子沟通，千万不要对孩子进行虚假解释。

之前有个公号读者咨询我，3 岁孩子在雷阵雨的夜晚问她："天上为什么会打雷？"她跟孩子说："因为天上的雷和电生气打架了，所以雷声轰隆隆响，这是它生气的声音呢。"后来她发现孩子接下来一个星期，晚上反应特别奇怪，总是担心得睡不着觉，反复问她：“妈妈，今晚会不会有雷声呢？他们会不会还吵架？怎样才能让他们不吵架呢？”因为妈妈的回答并不是基于科学常识，所以就会发现孩子的追问不仅仅成为父母的难题，而且也会引发孩子内心的恐惧，这样就得不偿失了。

一些好的科普片、示范视频会成为我们答疑时很好的辅助工具，比如跟孩子观看小实验制作视频，目的是让孩子明白，原来科学实验可以帮助他去探索世界万物、了解自然规律，好奇心是“有解”的。

实践工具箱

水循环小实验

适合年龄：3 ~ 8 岁

为什么有些云会下雨，而有些云却不会？当问孩子这个问题时，他们也许还停留在“乌云会下雨，但白云不会”的阶段。其实所有的云都是水经过蒸发形成水蒸气到达空中，慢慢累积成小冰晶或小水滴，并达到一定密度后形成的。这些小水滴在云里互相碰撞，当它们越来越多，越来越重，重到空气托不住的时候，就会从云中落下。雨过天晴时，我们常常会闻到空气中有水汽的味道，这是因为渗透进地表的雨水又再次蒸发，形成水蒸气，并回到空中。这就是一个简单的水循环过程。

【材料准备】

(1) 剃须膏、食用色素、滴管、玻璃罐、水，用来观察云和雨的关系

(2) 玻璃杯（一大一小）、热水、食用色素，用来观察雨滴是怎么形成的

【游戏步骤】

(1) 游戏开始前，告诉孩子，我们会玩一个游戏来展示为什么有的云会下雨，而有的云却不会下雨。

(2) 往玻璃罐里倒水，让水达到四分之三处。

(3) 在水面上挤进适量的剃须膏，模拟成云层的样子。

(4) 带着孩子观察，这时的“云朵”因为比较轻，所以并没有形成雨，也没有落在水里。

(5) 让孩子用滴管把蓝色的食用色素滴在剃须膏上面。

(6) 带着孩子观察，当越来越多的小水滴集结起来，“云朵”变重了，开始冲破“云层”，下坠到水中。

(7) 根据刚才的观察，让孩子口头描述对于云朵下雨的理解，妈妈进行知识的补充。

(8) 告诉孩子我们将会观察地面的水是怎么跑到空气中去的。

(9) 拿出另外一大一小两个玻璃杯，在一个玻璃杯中装入热水，并滴一点食用色素加深颜色，以便观察。

(10) 将另一个玻璃杯倒扣在装了热水的玻璃杯上。

(11) 带着孩子观察，地面的水蒸气被蒸发到倒扣的玻璃杯里之后，聚集成大水滴。

(12) 根据刚才的观察，让孩子口头描述对于雨水蒸发形成云的理解，妈妈进行知识的补充。

◆ 安全意识话题：“为什么我要小心陌生人？”

“为什么出门在外我要小心陌生人呢？”“我为什么不能跟不认识的人一起离开？”“为什么我不能拿陌生人的东西呢？”……回答这些跟安全相关的问题，我们可以明确地告诉孩子：“我们不信任陌生人，因为我们对他们一无所知，我们根本就不认识他们。”用比较明确的语气和态度，孩子基本上能感受到我们的立场，进而提高对陌生环境的警惕性。

还有一个难点是如何跟孩子讲明白，即便是熟悉的人也需要警惕。可以告诉孩子：“即便是身边熟悉的人，如果你在跟他相处的过程中觉得不舒服，一定要告诉我。”让孩子明白什么是舒服的碰触和相处方式，什么是不舒服的，这很大程度上需要孩子判断最直观的感受。

> 在这件事情上，保持郑重但不过分紧张的语气，同时保持开放并且包容的态度，都会让孩子愿意跟你讨论陌生人以及相关的安全保护问题。

实践工具箱

坚决向“坏的触碰”说“不”

身体被泳衣覆盖的部位被称为私密部位，是不可以让人触碰的。这是教会孩子保护自己的底线。“坏的触碰”也包括一个年长的人有意地触摸了自己的私密部位，这是一定要说“不”的。如果某些触碰让你觉得不舒服，不管是不是涉及隐私部位，也要大声说“不”。

当孩子可能遭遇到“坏的触碰”时，我们都希望孩子立即说“不！”并马上跑去告诉成年人。但孩子可能会遭受威逼或者利诱，比如，“不要告诉老师，否则我就打死你”，或者“不要告诉妈妈，我天天给你买糖吃”。小孩子的心智和判断力都不成熟，很有可能就范，给坏人保守秘密。所以在日常的亲子沟通中，一定要时时渗透，遭遇任何坏的触摸，都要及时告诉父母或者老师，不要替坏人保守秘密。保持亲子沟通的顺畅，万一孩子不幸受到了侵害，我们也能早点儿发现，及时介入保护孩子。

◆ 财富金钱话题：“妈妈，我们为什么买不起两套房子？”

“为什么朋友的家是别墅呢？我们为什么不住别墅？”“便宜和昂贵是什么意思？为什么这个东西比那个东西贵呢？”“我们为什么需要钱？”“我们为什

么不能买这个玩具？”“为什么别人有兰博基尼的车呢？”……关于钱的话题，有个感性的比喻是把金钱比喻成亲密的情感，让孩子明白金钱同样需要被尊重和关心，就好像我们关心自己爱的人和事一样。金钱并不是罪恶的，相反它是我们的生活中不可或缺的一部分。对于很多家庭来说，如何花钱取决于家庭的文化、消费观念和生活方式。

有收入并不意味着我们买得起某样东西，也不意味着我们一定要买某样东西，让孩子明白每个家庭的需求和优先事项都是不同的，支出方式也相应不同。孩子到了一定年纪会意识到身边朋友的家庭收入很不一样，这个时候也不需要刻意回避这个差异性，只要告诉孩子：“的确，一些家庭的收入比其他家庭高，每个家庭都是根据自己需要和负担能力的高低来消费，我们不需要为这些差异而烦恼。”

我家孩子 4 岁后，他们也开始由对钱的好奇阶段进入管理钱的阶段。在这个阶段里，父母向孩子介绍存钱罐，让孩子了解钱的收入和支出模式、储蓄的概念、每个家庭的消费构成，都可以帮助孩子宏观、整体地看待金钱。

实践工具箱

什么是想要，什么是需要

我们可以通过和孩子讨论生活事务和日常必需品，让孩子慢慢理解“必需品”和“期待物”这些概念，懂得它们之间的区别，也就是什么是需要的，什么是想要的。

(1) 针对必需品的沟通

“你看，我们得先买大米、面巾纸和今晚吃饭要的鱼和青菜。这是我们需要的东西，因为如果没有大米、鱼和青菜我们就会饿肚子，没有面巾纸你就没法擦嘴了。这些都是我们生活的必需品，我们很需要它们。”

(2) 提高选择判断力

“弟弟，你选择了这款小麦片，你是需要这款小麦片，还是想要呢？”

(3) 提高自我管理力

“我们今天的任务是先买必需品。哥哥和弟弟，你们可以选择自己想买的东西，然后我一起结账哦。记住，每个人只能选一样，所以你们要认真做好选择。”

你会发现，很多时候，孩子在必需品和期待物的判断上是模糊的。比如弟弟在选择玩具车和大米时，毅然把玩具车作为必需品，这时不需要强行否决孩子的想法，可以顺势提出：“妈妈明白了，玩具车对弟弟来说，是必需品。大米对妈妈来说，也是必需品。”

孩子的好奇心当然远不止上述这些领域，但家长的核心原则是帮助孩子搭建跟问题之间的“连接感”。什么是“连接感”呢？即教育是孩子生活的过程，所有的问题跟他是有关联的，是他生活的一部分。原来植物、动物和人类都有生命周期，原来全家人的手纹是随着年龄的增长而变化的，这些都是把知识拉近孩子生活的示范。

学会提问对孩子来说是一种很重要的思维锻炼方式，能够让孩子学会深入理解一件事情。孩子最初的提问天马行空、无拘无束，我们需要保护好孩子这份与生俱来的好奇心，为他们创造安全的提问空间，并引导他们思考如何提出有质量的问题。我相信，在学习提问的过程中，每个孩子都能学到比我们想象中更多的东西，这就是好奇心和有效思考碰撞出来的惊喜。

本章节所有的“实践工具箱”都可以扫旁边的二维码，发送文字消息“教养力第二章”，观看具体的操作过程，获得配套的练习册下载，并且匹配相关的动画视频，轻松掌握提升孩子思考力和学习力的策略。

Chapter 3

如何“玩”出成长力

法则3

孩子终归是自己人生的主宰，父母应该始终保持理性和温情，找到自己适合的角色和位置，当好孩子的“陪玩”教练，给予孩子恰到好处的支架式引导。

在孩子上幼儿园之前，他们的大部分时间都是和家人共同度过的。过了孩子第一年的“屎尿屁”关卡后，父母很快就迎来了新的挑战——“玩”。如何陪伴孩子更好地玩耍，成为很多家庭的苦恼。

比如我之前收到社群里丁丁妈妈的留言，她说她最担心的是不知道怎样才能更好地陪伴孩子。丁丁妈妈是一位全职妈妈，孩子快满 19 个月了。丁丁妈妈发愁的是，从手指画颜料、彩笔、卡片书，到故事绘本、英语童谣，再到数学启蒙、美感培养、生活习惯、安全常识等主题活动，想做的事情很多，但是却不知道从何下手。她困惑的是，如何才能更有系统地规划，以避免捡了芝麻丢了西瓜。

丁丁妈妈的苦恼，其实我也深有体会。新手妈妈常常会有手忙脚乱的时候，担心自己做多了限制孩子，做少了又对孩子没尽到责任。因为我们是孩子的第一任老师，所以最开始的启蒙，也是我们非常关键的陪玩基础。

我认为，要做好孩子的陪玩教练，离不开下面这 4 个关键词：系统性、独特性、主题时间和留白时间。掌握这 4 个关键词，不仅可以帮助我们在孩子兴趣爱好启蒙的路上游刃有余，而且能够让我们最终把时间和精力都用在“刀刃”上，给孩子提供最佳动力。

孩子能力发展有时间表

陪玩规划的第一个关键词肯定是“系统性”。我的习惯是提前了解孩子所在年龄阶段有怎样的发育特征。学龄前的孩子无论是心理还是生理的发育，都有规律可循，了解这些知识能让我们具备全局观，更重要的是，知道如何对孩子们的能力发展水平进行循序渐进的引导。

在孩子的发展里程碑上，每个孩子都有不同的时间表。从儿童发展图表上我们可以大致看到孩子在某些事件方面的平均年龄，但基本上没有一个孩子总是在平均线上，孩子会有一些行为，跟图表上显示的时间段不一样，这里的原因一部分是孩子个体差异的不同（参见“导论”），还有一部分是孩子的发展形态不一样，比如一些孩子五大核心能力（身体动作、认知、语言、情绪和社会能力）的发展步调是均衡的，另一些孩子则是一个能力、一个能力慢慢发展的。我们需要谨慎对待这些不同之处。

0 ~ 5 岁发展阶段一览表

年龄	孩子学些什么	特质和能力
出生到3个月	信任、合作及个人权威（例如：哭的效果）	能抬头、抓持、出声、微笑、接触他人时报以微笑，表现沉闷、兴奋、高兴、无聊，吃睡开始趋向规律化
3～6个月	通过身体移动来影响环境	通过扶持能坐着，能伸展探取物体，能突然地抓取物品，模仿声音，口头表示喜怒，认得熟悉物品，相当社会化
6～9个月	更能察觉自己行为造成的结果	能坐，扶持时能站立、爬行，能以拇指及食指抓起小件东西，用杯子喝水，有深度知觉，变得更具独立性——反抗压力，模仿行为，也许会叫“爸爸”“妈妈”，也许知道自己的名字，注意到别人的感觉（尤其是其他小孩的）——与他们一起哭或笑，对陌生人感到焦虑不安，甚至对熟人也会表现出害怕

（续表）

年龄	孩子学些什么	特质和能力
9～12个月	更能察觉行为造成的结果	爬着上下楼梯，会站，抓持的功夫日趋成熟，给他们穿衣时往往很合作，也许会说几句话，表现并能体会情绪，对非语言式的沟通有所察觉，往往很情绪化，害怕陌生人，怕与妈妈分离
1岁	开始有自信	能走（约在15个月大时），喜欢探索，爱倒空、填满东西，抛、扔东西，能自己吃东西，要求独立、同时也有所依赖，语言比较清晰，逐渐成为幼儿
2岁	更有自信，更加熟练	变得更具独立性——什么都要自己来，有时会回归到婴儿期，自由走动而不再东撞西撞，能说2～4个字的句子，喜欢说“不”，开始问“为什么”“什么”等问题，注意力和记忆力增强，喜欢帮忙做事，开始在其他孩子旁边玩，大小便的控制能力增强
3岁	社会性能力增强	更能合作，整体、精细的动作技能因协调能力增强而更加成熟，好说话，喜欢听故事，想要像父母一样，知道性别差异，自己能选择穿的衣服，喜欢与同伴一起，开始学会轮流、分享，开始懂得昨天、今天和明天之意，已能控制大小便，但偶尔有小差错
4岁	大大提升以前所学的能力	较喜欢与其他孩子一起，也许会有想象的朋友，较喜欢玩伴，对家及家庭具有明确的观念，非常活跃——跑、跳、爬、精细的动作技能大有进步，喜欢说话，表达想法及问一些比较复杂的问题，对时间有所知觉
5岁	适应儿童期及正式教育的世界	开始介意其他孩子的意见，有更高阶的推理能力，手、脚的控制力良好，手、眼协调能力仍未完全发展成熟——偶尔会因失手而发生意外，爱讲话、词句丰富很多，深爱父母，能帮助父母，喜欢交朋友，与两性朋友都能玩得来，开始有公平感，要求独立，希望能被当成大孩子看待

*本表集结了儿童发展专家的观察结果，列出一些正面的特质，并描述每一发展阶段可能表现的行为。但每个孩子都是独特的，而且可能与表中列出的行为有出入，孩子在成熟时其技能自然会表现出来。

引自狄克·梅尔（Don Dinkmeyer）& 盖里·麦凯（Gary Mckay）所著的《阿德勒心理学的幼儿教养课》

游戏中孩子不同的分工

陪玩规划的第二个关键词是“独特性”，也就是一定要“看到孩子”。养育两个孩子，我也深刻地感受过这种挑战：两个孩子成长的阶段性发展不一样，表现和互动模式也不一样，所以更需要我提前思考孩子们在游戏中的不同位置。

比如，我经常通过玩“大富翁”的游戏来给孩子做财商启蒙。那时 Joshua 4 岁多，我的重点是引入规则、金钱、买卖等概念。

对 2 岁多的 Eric，我更多的是引导他认识颜色、数字和公共设施，将卡片分类，了解游戏的基础规则等。

> 如果能在游戏的过程中看到孩子的不同能力，我们便可以有的放矢地和孩子交流，促进孩子们相互学习的机会。

我和他们俩的交流方式不一样，与 Joshua 的交流更多地偏向财商教育：“Joshua，当你到达一所空房子面前时，你就可以买这所房子了。你现在可以统计一下自己有多少钱，看够不够房子上的标价？”Joshua 就开始统计自己手里的 10 张 10 美元，这其实是数学启蒙的过程。

我和弟弟的交流，更多地偏向理解分类和规则：“Eric，你可以和我一起把机会卡分类叠好吗？”“这个游戏的规则是，我们可以丢骰子，然后跟着骰子的数字往前跑，你试试像哥哥一样，完整地操作一次。”这个不断调频的陪玩过程也能加强孩子的合作能力。

设计陪玩的“主题性学习时间”

在了解系统性和独特性后，我们就可以大展身手，按照主题来规划每一天的陪玩内容，给孩子“主题性学习时间”。比如开头丁丁妈妈提到的数学启蒙、美感培养、生活习惯、安全常识等都算主题性学习。

规划孩子的主题项目时，要点是多观察、多总结，并且适当调整，帮助孩子不断进阶。按分类记录孩子的游戏，除了让我思考游戏的不同玩法，还可以看到两个孩子的能力差别，这对于陪玩而言很重要。如果观察到孩子已经掌握了某个技能，或者明显发现孩子某一方面的短板，那么在下回游戏的设计中，我们就可以给孩子增加难度或重复练习，让孩子在体验的过程中一步步地突破自己。

比如，Eric 有一次看到 Joshua 自己设计了指尖陀螺，也很想试一试，但是因为 2 岁多的他手部精细动作发展得还不够，最后还是失败了。这个时候就是和孩子一起复盘的好机会。我和 Eric 一起讨论“想要设计出指尖陀螺，需要哪些条件”，一起总结失败的原因是小手力量不够。“那我们可以怎么锻炼小手力量呢？”原来可以通过捡豆子、拧螺丝的游戏来锻炼。这样下次在给孩子设计游戏时，就可以着重留意这方面的能力，这些也都是很好的引导方式。

给孩子留白时间，让他学会和自己相处

“你可以自己去找点儿事情做啊。”这是我每天都会跟孩子说的一句话。我

鼓励孩子发呆，鼓励他们自己去找事情做。当我们的主题性活动结束后，比如每天晚饭后到临睡前的一个小时，就是我们家的留白时间。

让孩子忙起来好理解，但是如果鼓励孩子闲下来，会不会让大家感到担心呢？比如担心留白时间会让孩子无所事事、闲散怠惰。说实话，这些担心我也曾有过。当我们看到孩子独自一人的时候，就本能地担心孩子无聊。在如今快节奏的生活里，无聊几乎是一种原罪，无聊等于浪费时间，等于空虚，等于可怜。

但实际上，留白时间绝不是任由时光流逝，而是他们进行自我探索的时光。这个过程能帮助孩子提升自察力。

> 我们希望孩子收获幸福，而收获幸福离不开一个最基本的能力——自察力。孩子需要知道自己是一个怎样的人，内心的渴望是什么，自我真正的价值和意义在哪里，这都是自察力的基本要素。

孩子要积累这个认知就要拥有和自己相处的能力，这样在面对纷繁的世界和变幻的人际关系时，才知道如何倾听自己的需求。

且不说孩子，其实成年人本身也需要留白时间。快节奏社会已经让生活环境变得嘈杂，让人总是被追赶着，不自觉向前拥，但赶路太久，我们是不是也在某一瞬间产生迷茫，不知道到底为何出发，不知道如何才能稍微缓下来，说不定已经跟自己的初心偏离得越来越远，无形中更是降低我们的思辨力，当然也就更难培育出自察力。唯有充分利用每一次和自己相处的机会，我们才有机会想清楚，自己到底想要什么，以及自己到底能做什么。

观察孩子的游戏状态

刚开始给孩子留白时间的时候，孩子可能会有困扰，不知道要做些什么，我们先不要心急，要忍住替孩子规划的冲动。要知道在孩子的世界里，好奇心是无处不在的。我家俩孩子刚开始的时候，都会先发一下呆，但很快就会开始自己去找书看、唱歌、画画、用玩具自导自演一场“戏”，或者用积木搭建微型城市等，花样非常多。

上面这些状况都是我观察得来的。很多时候，我们容易介入孩子的生活太深，导致很难观察到孩子发出来的微妙信号，包括肢体语言、表情信息等。只有站在一定距离外，观察孩子所处的整体环境，我们才能看清楚孩子的真实状态。下面是记录孩子游戏状态的 4 个观察角度：

孩子有没有遇到问题：______________________

游戏所需要的材料和道具是否充足：______________________

孩子是怎样玩游戏的：______________________

孩子是如何决定不再玩一个游戏的：______________________

在孩子独立玩的过程中，我们如果能够观察孩子的行为模式，就能拥有更多的视角去思考如何更好地选择适合孩子先天气质的启蒙方式（参考“导论”），这些都是我们理解孩子的契机。

举个例子，如果我们仔细观察 1 岁多孩子堆积木的过程，你会发现他可能会选择把积木堆高，再把积木推倒，并且会因为积木没有按他的设想倒塌下来而号啕大哭。2 岁多的孩子则可能会尝试把积木摆成一排，按照不同的颜色分开排序，或者根据不同的形状来排列，如果这个过程中积木的次序不尽如人意，孩子也有可能会发脾气。

> 观察孩子的行为模式，可以让我们明白孩子到底在哪个环节需要提高，同时让我们看到孩子在某些技能上的闪光点。

比如孩子在反复玩积木的过程中，虽然有挫败感，但通过一次次的尝试，最终提高了自己解决问题的能力。又比如孩子 2 岁多玩积木时，他的排列方式是有创新的，从只会叠高高，到探索纵横排序，按照不同的颜色、形状等分布，这是孩子能力进步的表现。

弄清楚问题所在，观察到闪光点，对于每个家长来说都非常重要。通过观察积累起来的判断，可以让我们在孩子需要帮助的时候给予更好的支持。

孩子到达“最近发展区”，父母要及时撤掉脚手架

孩子在游戏和玩耍的时候，父母应不应该参与进去，这是很多爸爸妈妈的困惑，但实际上并不需要焦虑。对孩子来说，父母在游戏里扮演着重要的角色，当孩子不能独立完成某一任务时，就需要我们的引导和帮助，同时这也具有启发价值，能帮助他们向高阶能力发展。

事实上，大多数学者都认可成年人（比如教师和父母）在孩子游戏过程中的重要角色。苏联教育心理学家维果斯基（Vygotsky）的研究指出，孩子不能独立完成的某项任务通常可以在成年人或者更有能力的同伴的帮助下完成，而

这样的完成过程，对孩子来说是有启发价值的，帮助孩子在向更高能力水平的发展过程中获得一个很好的引导。

维果斯基提出“最近发展区”的概念，界定了“儿童现有的独立解决问题的水平”和“通过成人或更有经验的同伴的帮助，而能达到的潜在的发展水平”之间的区域。

而这个区域被认为是我们激发孩子潜能、帮助孩子更好学习的最佳期限。

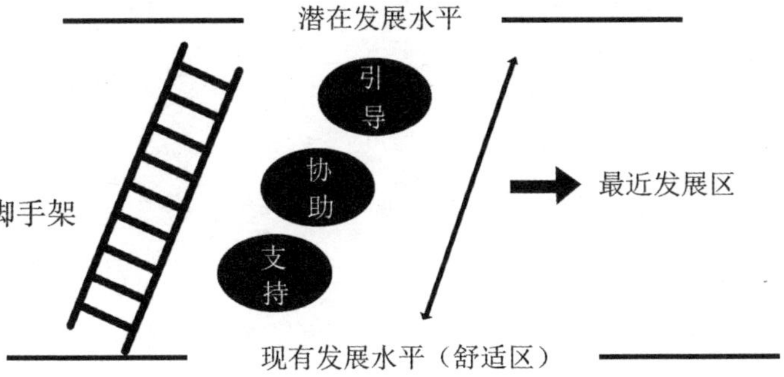

基于最近发展区理论，学者也逐渐提出“脚手架理论”（Scaffolding Theory）。通俗来说，当孩子处在最近发展区的时候，孩子是需要一个脚手架来帮助他攀登的，当孩子攀登上去，掌握了这个阶段的时候，脚手架就需要撤离。

这个过程有明确的 3 个步骤，也是父母从陪伴到逐渐放手的过程：

- I do（我做）
- We do（我们做）
- You do（你做）

及时的撤离可以让孩子进入新的最近发展区，当孩子再次遇到不能独立解决问题的时候，父母又成为新的脚手架来帮助孩子，如此循环，便可以帮助扩大孩子的探索领域，体验探索的乐趣。如果父母发现孩子已经超越了最近学习区，变成自己可以掌控的领域时，就得及时撤掉脚手架，不然很容易引起孩子的过度依赖。

所以在判断要不要参与孩子的游戏过程时，我们可以先问自己一个问题：在这个挑战中，孩子是否需要我？“此刻”是我去帮忙的时机吗？我们需要冷静地退后一步，判断时机是否恰当。

如果是在孩子能力范围之内的“挑战”，那我们可以鼓励孩子去面对问题，独立解决问题。如果孩子卡壳，那我们可以跟孩子一起想办法，给予方向上的指导，鼓励孩子继续走下去。如果是在孩子能力范围外、属于完全不懂的“挑战”，那么我们要尽量去尝试描述和帮助孩子掌握基础背景知识，让孩子逐渐走进“最近发展区”，然后再提供脚手架，引导孩子探索。

举个例子，积木倒了，一两岁的孩子希望父母可以帮忙把积木都叠起来。此时，我们应该先鼓励孩子去面对问题：“再试试看，你可以的！你需要自己想想有什么办法。”积累面对问题的勇气，是孩子成长的第一步。但如果孩子在叠积木的过程中始终无法保持积木的平衡，不明白为什么别人搭十几块积木都可以不倒，自己只搭四五块就全倒了，那么这时也需要我们及时介入，比如跟孩子探讨：“你有哪些地方没搞懂？我们可以一起去解决问题。”

孩子所迷惑的地方看似琐碎，却是孩子能力突破的必经之路。在孩子找不到方向、解决不了问题的时候，和孩子一起寻找答案的过程，比找到答案本身更重要。

实践工具箱

父母适合参与的 4 大时机

（1）当发现孩子一直无目的地走来走去，始终不知道如何使用基本游戏材料的时候；

（2）当发现孩子觉得任务太难，始终攻破不了的时候；

（3）当孩子面对超出能力范围的游戏项目，对游戏中的角色或情境的含义所知甚少的时候；

（4）当孩子主动邀请或要求我们一起参与进去的时候。

这些都是我们可以参与的信号。

◆用多种沟通策略走近孩子

有很多沟通策略可以帮助我们更好地走近孩子，可以参考以下交流方式。为了方便大家理解，我也加入了自己和孩子的对话，并做了标注。

• 肯定孩子的行为："哇，我看到你们都为自己的小羊建了房子，房子周围是白色的围栏，你们还用很多小羽毛铺好了小羊的床。"（陈述句表达肯定）

• 认可孩子的努力："你们的超市可真忙碌，里面有顾客、收银台，还有收银员，你正往货架上摆放货物。"（陈述句表达认可）

• 提出引发思考的问题："如果我们把水浇在沙子上，会有什么样的变化？我们需要使用别的工具吗？""你搭了很久的乐高积木，我看到你把小羊放在车上，小熊在驾驶员的位置上，它们是要去哪里呢？"（疑问句引导思考）

• 增加游戏难度："我想知道，你能不能用这些纸筒来搭一个迷宫？"（变化玩法）

• 给孩子做知识补充："你用乐高小颗粒拼了一把吉他，还记得我之前给你买的一个乐器吗？它和这把吉他很像，但那个乐器只有三根弦，叫尤克里里。"（类比句做延伸和认知启发）

• 提供解决问题的示范："有时候我不知道橡皮泥该捏什么，我就将它滚来滚去，敲击它，用手指感受它，不是每一次都必须用橡皮泥捏出什么，对

吧？”（场景假设提供指引方向）

• 直接展示正确的做法："如果你想把管道迷宫固定在墙上，那你必须得找一些可以粘贴的东西。"（因果句提供逻辑示范）

• 提供直接的答案，但需要先询问孩子是否需要：比如，孩子在玩积木时，搭建的城堡已经摇摇欲坠了，我们可以问孩子："需不需要我帮你扶住积木？如果我们把底座搭建得更加牢固，它就不会倒了。"（疑问句可引导思考）

面对孩子的求助，上面的这些策略我们可以单独使用，也可以综合运用。所有的策略都是为了思考如何让孩子更有建设性地、更加投入地参与活动。

无论是"最近发展区"理论，还是"脚手架"理论，都可以让我们的陪伴思维更加明晰。通过一步步精心设计的引导，给孩子一点助力，就可以给孩子的潜能发展带来长远而深刻的影响。我们的角色并不是只能替孩子解决某个单项问题，而是帮助我们从孩子现有能力出发，引导孩子探索自己究竟可以做什么、有哪些潜力，孩子如同海绵一样吸收的特质会让他收获更多，成长也更快。

孩子终归是自己人生的主宰，我们的帮忙应该始终保持理性和温情。只要你想帮孩子，一定可以找到自己适合的角色和位置，给予孩子恰到好处的支架式引导。

Chapter 4

如何培养孩子的抗挫力

法则4

孩子在成长中必须学会面对失败和挫折。父母要做孩子的“根”和“翅膀”，但不要代替孩子飞翔。

曾经听过一个爸爸和4岁女儿的对话，我特别有感触。他们的对话内容是这样的：

女儿：爸爸你有一个缺点，你知道是什么吗？

爸爸：是什么？

女儿：就是你有时候总让人不开心，这是一个缺点。你能改掉吗？

爸爸：不能。你知道为什么吗？其实我是为你好。温室里的花朵经不起风雨。花住在塑料大棚里，被人精心地照料着。虽然看上去很漂亮，但它一到外面经历风吹雨打就完蛋了。所以呢，我现在就要经常让你不开心，这样你将来在外面碰到不好的人，你就会跟他斗争，而且不会那么容易崩溃了。你说这是不是为了你好啊？

女儿：我才不觉得呢，如果孩子老是不开心，就会得一种不开心的病，那样就不能健康长大了啊。

小女孩的回答冷静又清晰，而爸爸将挫折教育和温室花朵联系起来的观点，听起来是不是很熟悉？曾几何时，你是不是也听过：父母应该人为设置挫折，来提高孩子的抗挫折能力，这样才能让孩子更好地应对将来可能出现的挫折，茁壮成长。但是，父母故意设置挫折对孩子来说真的好吗？孩子的抗挫折能力在经历挫折之后就真能培养出来吗？这些问题常常被忽略掉了。

很遗憾，通过人为地设置挫折，让孩子从中学会成长，这个描述更像是我们常说的“正确的废话”。它听起来没错，说的人也越说越高兴，“你看，我做那么多是为了你好吧，你要从中学到经验教训”，但是这样的话说得越多，效果就越差。

就像小女孩说的一样，如果孩子总是不断地经历失败，而又得不到足够的情绪支持，那么他们便会在持续的挫败感中自我怀疑，慢慢地，甚至会开始相信自己是无能的，只要碰到困难，第一反应就是“我不行，我做不到”。这在心理学上叫作“习得性无助”（Learned Helplessness），是心理学家马丁·塞利格曼（Martin Seligman）提出的一个概念。习得性无助是指本来可以采取行动避免不好的结果，却选择相信痛苦一定会到来，从而放弃任何反抗。

“心理弹性”从小开始培养

实际上，我们的生活中最不缺的就是挫折本身。比如 Joshua 6 个月大的时候，如果玩小推车，小推车突然不动了，他会急得哇哇大叫，无论他怎么推动小汽车都不得法，这个过程对他来说便是受挫。同样，一个 5 岁的孩子如果丢了自己心爱的玩具车，一样可以号啕大哭。挫折无所谓大小，哪怕看起来只是鸡毛蒜皮的小事，都可能成为孩子面临的难关。

一个孩子在挫折面前，能否忍受挫折的过程，跟他的心理弹性（Resilience）是息息相关的。心理弹性是每一个人忍受痛苦的能力，也称为“复原力”或者“抗挫力”。它是我们从生活里无可避免的失败、失望和痛苦中恢复过来的能力。即便是成人，我们也需要通过自己心理弹性的高低来应对生活中所遇到的各种难题。

打个比方，心理弹性之于我们的关系，就如同减震器之于汽车。如果汽车没有减震器，那么每一次出行都会是一场痛苦，人生旅途如果没有减震器也同样如此，它会让我们脆弱得不堪一击。假如身边的事情总是让我们心烦意乱，我们需要花很多的时间去愤怒和烦恼，那么我们就很难过上幸福和有效率的生活，也很难成为一个幸福的人。

心理弹性既受先天基因的影响，也跟每个人后天环境息息相关。有时候心理弹性比我们想象中要弱一些，但有时候它又会比我们想象中要强，个中差别受生活成功经验的影响，既包括孩子在挫败中学到的具体经验，也包括对痛苦的解释和接纳。

挫折教育并不是父母给孩子创造挫折，孩子就可以从中成长，而是当孩子不可避免地遇到挫折的时候，我们可以怎样给出全方位的家庭支持，这才是挫折教育真正的定义。得到家庭全方位支持的孩子，他的心理弹性也会更高、更成熟，因为他知道如何接纳和看待痛苦。

◆ 失败不会影响“我爱你”的决心

面对挫折，孩子首先需要的是父母无条件的情感支持。我们要尝试用积极的态度去理解孩子，情感上支持孩子。我们需要理解孩子在遭遇挫折时必然会产生失落、怀疑，甚至崩溃的情绪，需要去接受孩子的情绪，并且向孩子传达，“即使失败了，爸爸妈妈也一如既往地爱你”。

用拥抱替代讲道理

很多时候，孩子遇到挫折会情绪低落，当孩子处在崩溃情绪的当下，讲道理就是在“火上浇油”。这个时候，如果我们愿意蹲下来拥抱孩子，这份接纳会比任何道理更有力量。每次我家俩孩子情绪失控的时候，我都会第一时间去拥抱他们。虽然一开始孩子会反抗和挣扎，但是这份拥抱也实实在在给了他们冷静下来的力量，帮助孩子制止了持续加剧的冲突行为。

认识情绪的身体征兆

以愤怒为例，我们要如何教会孩子认识身体征兆呢？最好就是采用描述的方式。愤怒时我们的身体是会做出反应的，比如皱眉头、握紧拳头、下巴拧紧、呼吸急促、肌肉紧张等，我们要观察孩子愤怒时身体的表现，及时抓住这些表现，告诉孩子他正处在愤怒的状态。

像 Joshua 沮丧的时候反而会更生气，同时下意识地用力呼吸，这是他本能地想让自己放松的方法。这其实是很好的，但他没有意识到自己在进行一个自我安抚的动作。这时候，我会握住他的手，告诉他："妈妈感觉得到，你现在大口大口地呼吸，手握得很紧，这些都是正常的，因为你很生气。"

要让孩子把情绪和肢体表现联系到一起，这样的渗透其实从出生后 8 ~ 9 个月起就可以开始做了，而不是等到孩子会说话了才告诉他，因为孩子的习得性记忆是很迅速的，他很快就能把你的语言、肢体动作跟情绪联系在一起。

学习情绪疏导方法

好的情绪疏导方法可以帮助孩子平复心情，提高面对挫折的心理弹性。同样是以愤怒为例，做一些肌肉放松训练，引导孩子学习运动时的呼吸节奏，告诉孩子：

"我知道你现在很愤怒，这个感觉让你很难受。我知道怎样可以让你的身体舒服一点儿，你可以尝试跟着我一起做，用力地吸气，感受空气从你的鼻子里进去，再用力地呼气，张开嘴用力地喘气，把愤怒从嘴里吐出来，吸气—呼气—吸气—呼气……是的，你可以跟着我的节奏来做，你这样会不会感觉好一点儿？"

这个过程可以帮助孩子意识到身体在愤怒时的状态以及调节方式，让自己一直紧绷的身体状态慢慢放松下来。

实践工具箱

冷静游戏

冷静游戏，顾名思义，是帮助孩子冷静下来，重新回归到正常情绪状态的过渡性游戏。冷静游戏的设计初衷就是提供给孩子足够多的可能性，帮孩子提前积累一些让自己平复心情的方式。当真正需要调整心情时，孩子能够迅速找到让自己平复心情的方式。

以我家两个孩子为例，Joshua 在愤怒的时候喜欢跳，有时候我会跟他一起很夸张地跳啊跳，这对于他来说，是一种情绪舒缓。Eric 则刚好相反，他伤心的时候会选择自己静静地坐在角落里。有些父母可能觉得孩子不应该躲起来，而应该把话说出来，但事实上不是这样的，如果孩子感觉藏起来会舒服，那就该放手让他用自己的方式调整情绪，并且要一直陪伴他、观察他。你的陪伴等于告诉他：如果你需要我，随时可以来，妈妈一直都在。

我给大家准备了 23 张冷静游戏卡，每张卡都有一个对应的行为，比如蹦跳、伸懒腰、瑜伽、深呼吸、听音乐、读书等。目的是让孩子学习通过行为调整来平复心情。这个游戏平时可以多跟孩子玩，每天 5 分钟，告诉孩子这是什么游戏，游戏的作用是什么，问孩子喜欢哪张卡片，哪一种做法会让孩子舒服，平时就充分渗透，在孩子情绪不适的时候就更容易见效了。

扫描二维码，发送文字消息“冷静游戏”，即可获得 23 张游戏卡。适宜年龄段：1 ～ 8 岁。

从习得性无助跨越到习得性乐观

在情绪得到接纳后，孩子需要父母愿意和他一起面对挑战和困难的行动。这个过程的关键可以帮助孩子从“习得性无助”过渡到“习得性乐观”（Learned Optimism）。要明白，每一次挫折对于孩子来说都是最好的成长节点，让孩子明白原来可以用更正向的思维方法去解决问题、战胜挫折。

以我家两个孩子经常遇到的问题“拼玩具拼不上去”为例，这个时候，他们会深感挫败，带着哭腔地喊我：“妈妈——妈妈——”然后把零件一股脑儿放在我面前，说：“我不拼了！”这个时候，我们可以怎么做呢？

◆ 尝试解释遇到的问题

问问孩子发生了什么事情：“告诉我你遇到了什么问题，哪里出了状况？”或者让孩子告诉你需要大家做什么，跟他说：“需要我协助你做些什么？我们可以一起想办法。”比如面对这种情况，Eric 经常会先哭会儿，因为他还说不清楚事情，这时就需要我们帮助孩子梳理和描述状况，我会跟孩子说：“你发现自己好不容易堆好的积木倒了，所以很伤心，是吗？”

让孩子对自己的失败和挫折给出理由和解释，在积极心理学里，这被称为“解释风格”（Explanatory Style）。很多时候你会发现孩子在失败后经常需要回答一个关键问题——“是哪里出了问题”，大多数孩子很难逻辑清晰地说出原因，所以我们需要教孩子客观地描述事情，并且引导孩子去尝试解释，这同时也培养孩子的逻辑分析能力。

◆ 帮助孩子区分问题

区分问题包括 3 个维度，失败的责任归属、失败的可攻破性，以及失败所带来的影响。

第 1 个维度：我们跟孩子分析失败的责任归属："我发现你已经坚持了很久，这对你来说并不容易。"

第 2 个维度：告诉孩子失败是可攻破的："犯错是一件很正常的事情，谁能不犯错呢？你不要给自己太大压力，我们可以一起想办法解决。"

第 3 个维度：引导孩子看待失败所带来的影响："我听完你的描述后，我总结你现在遇到的困难是：________。"

和孩子客观地评价和讨论过程，可以帮助孩子明白一个道理：这个问题是可以解决的，它并非是不可控或者一直都存在的事情。

很多时候，对于失败的答案和原因，我们会集中在"到底谁应该为这个失败负责"，是孩子的错，还是孩子已经做出了自己的努力，这是个不可控的因素？如果孩子总认为是自己的错，那么会很容易否定自己；如果孩子总认为问题一直存在且自己无法掌控，就更容易放弃努力。所以，我们如何看待失败所带来的影响，把它看成一个小障碍还是一场大灾难，这不同的见解决定了孩子最终是"习得性无助"还是"习得性乐观"。

◆ 方法总比问题多

在挫折面前，我们需要全力支持孩子，但并不意味着我们需要代替孩子克服困难。"脚手架"理论同样适合指导我们跟孩子更好地应对挫折。（参看

"Chapter 3")

面对 Joshua 和 Eric 在游戏中遇到的问题，我也曾引导过孩子思考问题："告诉我，你那个积木搭建对应的是哪些图纸呢？"或者引导孩子们在步骤中帮忙："我找不到你原来的那些颗粒，你先找给我，这样我才能更好地研究问题出在哪里。"我也会跟孩子分析我的解题思路："当面对难度很大的挑战时，我会尝试去做排除法。什么是排除法呢？就是一个个去试，一点点去排除，最终找到可能性。"还有分享我的观察和发现："我发现这部分好像少了一个东西，导致它的上下两段没法接上，我在猜测把它向上或向下挪一点，或许就可以解决，你觉得呢？"

很多时候，我们面对挫折的态度和解决方法也是在给孩子做示范。我们需要在现实生活中区分什么是能掌控的，什么是无法掌控的，当生活出现不可控的时候，我们也可以通过示范告诉孩子："方法总比问题多。"不管发生什么事情，我们都可以重新获得掌控感。

◆ 逆向思维，以终为始

逆向思维（Working Backwards）在心理学上也经常用到，它的核心是"以终为始"，一步一步地解决问题。因为大多数情况下失败并不一定是坏事，我们从失败中学到的可能比从成功中学到的更多，往往我们所见到的每一次成功，背后都有无数次失败的铺垫。

我举个特别简单的例子，来跟大家说下如何运用这个思维。2~3 岁的孩子想尝试自己好好穿衣服，但是能力达不到，不管怎样努力就是穿不好，所以总是陷入一种循环——想穿，穿不好，发脾气；还是想穿，穿不好，又发脾气。这个时候，如果我们运用逆向思维，那么困难就会迎刃而解。

我们首先要确定最终的结果，这是我们的"终"。如果一个孩子想要自己穿好上衣，那他需要做哪些步骤？他需要先确认衣服标签在哪里，从而判断正反面，接着把衣服套在头上，然后伸左手找到左手袖口穿过去，伸右手找到右手袖口穿过去，最后要捋一捋衣服的褶皱，这样才完成了穿衣服的全过程。

接着，逆向思维策略就是让我们按照这个最终的结果，反过来跟孩子练习“如何穿好上衣”这个过程。我们可以把穿衣服的困境变成穿衣服的游戏。

第一次练习：你先确认标签在哪里，判断正反面，接着把衣服套在孩子头上，然后你找到左手的袖子，让孩子将左手手臂穿过袖口，接着你找到右手的袖子，让孩子将右手手臂穿过袖口，这 4 个步骤都是由成人主导、孩子辅助的过程。

接着，让孩子独立把衣服拉下来，捋一捋衣服的褶皱。这便是孩子独立完成的步骤。

第二次练习：你先确认标签在哪里，判断正反面，接着把衣服套在孩子头上，然后你找到左手的袖子，让孩子把左手手臂穿过袖口，这 3 个步骤都是由成人主导、孩子辅助的过程。

接着，让孩子找到右手的袖子，把右手手臂穿过袖口，再独立把衣服拉下来，捋一捋衣服的褶皱。这两个步骤都是孩子独立完成的步骤。

第三次练习：你先确认标签在哪里，判断正反面，接着把衣服套在孩子头上，这两个步骤都是由成人主导、孩子辅助的过程。

接着，让孩子找到左手的袖子，把左手手臂穿过袖口，再找到右手的袖子，把右手手臂穿过袖口，再独立把衣服拉下来，捋一捋衣服的褶皱。这 3 个步骤都是孩子独立完成的步骤。

以此类推，你会发现成人所负责的部分越来越少，而孩子能够驾驭的环节却越来越多。在每一次练习的过程中，其实孩子都有独立完成的部分，只要我们把独立去做的任务细分得足够清晰，那么对于孩子来说，他所负责的每一环节，就是他独立参与的体现。

> 逆向思维的适用范围非常广，关键思路是我们能够先从全局出发，抓大放小去解决问题。

我们的孩子当然需要从失败中学习，但有时候失败只是一个结果，帮助孩子拆解过程，安全地讨论错误，尝试错误。如果发现某一个练习恰恰是孩子的弱点，那么我们就可以在这个环节多停留一段时间，多练习几次，让孩子也找到在这个过程中尝试的机会，这些都会加强孩子在不擅长领域的心理弹性。

孩子争赢怕输的底层心理机制

孩子所面对的挫折，也包括在游戏中的输赢和排名。有段时间，我家的哥哥弟弟喜欢一起玩猜拳游戏。但每次如果 Eric 输了，他就会像突然意识到发生了什么事情似的号啕大哭起来，并喊着说：“我不要输，我不要输……”当我在社群里跟大家聊这个情况的时候，大家都感触特别深：孩子总是想拿第一，不管是学习还是游戏，如果不是第一就会发脾气，抢着要别人把第一让给自己；孩子总是期待表扬，很怕周围的人不表扬自己。如果谁多批评了一句，指出他不好的地方，他就会出现暴怒、拒绝沟通等行为。

你也许会有很多困惑，这些情况究竟是什么原因，即便自己在旁边告诉孩子："没关系，不就是一个游戏嘛，再来一次就好。"可孩子往往也不听。难道孩子天生就抗挫力比较差，心理弹性不够？那么下一次还要不要让孩子玩呢？再玩一次再崩溃一次怎么办？

实际上在这些例子里，我们需要明白孩子内心对于挫折的判断。孩子怕输，涉及"自我意识"（Self-awareness）这个概念。孩子的自我意识并不是一出生就有的，而是随着孩子社会情绪能力的发展而发展出来的。

在 15 ~ 24 个月时，孩子开始意识到自己和周围的人是不同的，也开始了解周围环境的运作规则。这个时候孩子才会开始形成自我意识，并逐步产生基于自我意识的自我评价，这个过程大多会在孩子 2 ~ 4 岁完成。

对一个刚开始意识到自我的孩子来说，观察、了解和评价自己的过程是复杂且混乱的。首先，孩子会觉得自己什么都能做到，认为自己最棒，并且孩子也会期待成人对自己的评价，因为孩子需要基于这些评价来巩固自我评价。

从心理学角度来说，出现自我评价后，孩子的情绪就会开始复杂，除了最基本的喜怒哀乐，还开始出现尴尬、嫉妒、内疚、骄傲、羞耻等多种情绪。孩子的争强好胜、输不起、一定要第一名这些表现，往往也发生在这个阶段，在某种程度上说，这是孩子长大的必经之路。

◆ 试错力——小碎步靠近成功

学龄前的孩子因为自我意识而出现输不起的现象是暂时性的。因为孩子在两岁后会产生另一种和自我意识相平衡的意识——他人意识。孩子逐渐发现原来这个世界不只有我自己，还需要和别人合作、和别人沟通，有时候还需要调整自己的心态和做法来配合他人。

对孩子来说，自我意识和他人意识的共存，构成了一幅完整的拼图。他们会学习如何看待合作与比赛，而输赢也是合作与比赛的一部分。理论上说，这个过程需要 2 ~ 3 年，孩子才能真正理解自我意识和他人意识的平衡，并且建立自己的目标感。

> 我们可以通过培养孩子乐观的心态和解决问题的能力，让孩子始终相信“我可以”、知道“我可以怎么做”。

只要我们方法得当，给予孩子足够的信心，大多数输不起的现象，都是可以自然过渡的。我很喜欢的经济学家蒂姆·哈福德（Tim Harford）就说得很通透：“任何事情都不可能一蹴而就，人类的发展就像生物进化一样，是在不断适应、试错的过程中缓慢前进的。”

不断试错，这同样也是我想要教给孩子的重要能力——试错力：原来我们通过试错、改进，一次一次的循环，可以帮助我们减少错误的概率，找到适合自己的稳妥小碎步，一点点靠近成功。

面对孩子失败，父母该无条件支持还是容许无条件撒谎

试着回想一下，当孩子哭着喊着说“不要输”“我不够好”的时候，我们的回应方式有哪些？一般来说，负面反馈中最常见的有两种：

一种是直接夸奖："哪里不够好？我看看，我家宝宝最棒了！"——这是片面夸大事实。

一种是表达沮丧："唉，真可惜，就差那么一点点就赢了。"——这是过度负面情绪映射。

我们实际上经常会使用这两种反应方式。

我的一位课程学员曾找我咨询，因为总觉得小儿子的挫败感非常强，不管做什么事情，都信心不足，觉得自己做不好，总是求助："妈妈，你来吧。妈妈，你来吧。"她不知道问题出在哪里。

我让她还原"妈妈，你来吧"这句话的场景。她说，同样是堆积木，3 岁的小儿子一一的速度远远不能和 7 岁的大儿子恩恩比，一一看到哥哥堆得又高、又好看，速度也快，就焦躁不安，生气地把积木都踢倒，然后在地板上号啕大哭。这个时候，妈妈第一个想法就是要给一一面对挫败的自信，不能让一一觉得自己不够好。

妈妈："一一，你别哭了，我觉得你的积木堆得又高又好看，其实你做得已经很棒了。"

一一："才不是呢，哥哥的那个才好，我怎么都堆不起来。"

妈妈："怎么会呢？我觉得你的积木就像一支火箭，耸立在客厅里真好看。"

一一："那不是火箭，我想和哥哥一样做城堡！我搭不了那么大的城堡！"

妈妈："不是的，你当然可以做成城堡，只要你想，你就可以搭一座大大的城堡，而且那个城堡是一一的城堡。"

一一："妈妈，你来吧。妈妈，你来吧。"

当我们把场景还原后，其实可以看出一一妈妈在保护孩子信心的过程中出现的误区。我们对孩子无条件的支持，但不代表无条件的撒谎保护。一一妈妈的用意是很好的，她看到了一一受到打击，希望可以理解并帮助孩子，所以选择了用积极愉快的方式来提升孩子的自信心。但是她却忽略了 3 岁一一的水平跟 7 岁恩恩的水平肯定是不一样的。一一年纪虽然小，但也知道自己做的和哥哥的不一样，这时一味强调“你的积木好看”“你已经很棒了”“怎么会没有哥哥好呢”“只要你想就可以”，其实并不能让孩子信服，反而会让孩子更加沮丧，降低了自信心。

> 当忽视客观现实，片面夸大或者消极对待孩子的表现时，很难帮孩子建立全面的自我认识，更无法帮助孩子分清真实的他人评价。

如果没有得到及时调整，孩子就会越来越依赖身边人的表情、言语和态度。比如孩子越来越注意爸妈的脸色，会根据爸妈的脸色来判断自己到底“行不行”“好不好”。

我们看待输赢的方式，会极大地影响孩子面对输赢时的心态。心态平衡的父母更能够帮助孩子自如地面对输赢，也会让孩子明白，即便自己在现实世界中存在困难，但面对难题时出现沮丧是人之常情，我们可以从中调整好心态、改进措施，找到破局方法。

让孩子越挫越勇的三大引导

虽然输不起是孩子常见的表现，但很多孩子往往止步于此，不想再去试验了，就好像一一那样放弃了尝试，希望妈妈来替他掌舵。孩子并非如我们想象的那般越挫越勇，他们并没有足够的决心和勇气来挑战错误。

要让孩子拥有挑战的决心和勇气，需要孩子积累掌控感，这是孩子内驱力重要的船桨。

> 拥有掌控感的孩子，感觉自己对生活和行动拥有话语权，不仅能够依据自己的内心做出选择，也有能力为自己的选择负责。孩子能够意识到，自己才是生活的主人。

掌控感的定义也来源于积极心理学之父马丁·塞利格曼，他形容掌控感是面对困难时“停留在那个情境之中采取行动，试图通过改变情境来终止抑郁的情绪”的表现。他还指出，掌控感是一种通过经历而内化的体验。要获得掌控感，必须经历失败、心情抑郁、不断尝试直到成功。换句话说，我们无法通过保护孩子或控制环境，将孩子的人生进度快进。

错误在孩子的心里是一处黑暗的长廊，每一步都充满着挑战和恐惧。除非孩子发自内心地坚信，面对这段长廊他准备好了，否则无论是推着孩子强迫着他穿过长廊，还是干脆把长廊的门封住，不去接触黑暗，对孩子来说都不是积累掌控感的好方法。这些做法实际上是暂时的、脆弱的，会让孩子对自己的能力认知越来越不准确，也会更倾向于完成极其简单、几乎不可能失败的任务。

◆ 孩子哭多少次，回应多少次

我们没有必要人为地放大怕输心理对孩子可能带来的负面影响，或者给孩子贴上“好胜心强”“要面子”等标签。很多时候，要真正地做到理解，并且让对方感觉到自己被理解，恰恰是我们愿意丢掉成人的标准，把自己摘掉，让自己像一张白纸一样，尽情接受孩子遇到挫折那一刻的号啕大哭。就好像我们年轻失恋的时候，我们所需要的也不过就是一个拥抱、一个回应，而不想听父母唠叨说“失恋有什么大不了”。

回应孩子的时候，我们可以做到让自己克制和温暖。举个例子，用陈述句的方式跟孩子描述情景：“你发现滚珠没有按照你想要的路线图走。”“你本以为你可以最快走到终点，没想到哥哥比你更快。”孩子遇到了什么困难，就请直白地重复给孩子听。去掉大道理，克制住自己教导的念头，得先让孩子有了解错误的机会。

比如用情绪命名的方式让孩子知道他的心情：“你很伤心。”“你不知所措。”“你很矛盾，不想再玩了。”要用真实符合情景的词汇，来引导孩子注意自己的状态，对待孩子任何情绪要做到温暖回应，不能都机械地套用“我知道你很 ______”这句话，越真实、越详细的描述，越能让孩子有“面对错误”的安全感。

◆ 只问耕耘，不介意结果

不管孩子在进行什么活动，也不管孩子能取得怎样的成绩，我们首先要让孩子知道我们看得到他努力的过程，告诉他这个努力是重要且有价值的。

有时候孩子对输赢的判断是随性的，比如我家的弟弟有时连走路顺序都要争前后，而不愿意“哥哥走在前面，我走在后面”；有时候会在意随机游戏的结果，“哥哥怎么出石头，我输了”；有时候也会计较反应速度的快慢，“哥哥抢跑，不要哥哥抢跑”。这些想赢的心思充满童趣，却也会让人觉得有一丝无奈。

但即便是这种很小的事情，我们也要让孩子明白努力的价值。比如，面对孩子们玩猜拳游戏，Eric 输了大哭的时候，我首先做的是走过去拥抱 Eric，并告诉他：“弟弟进步好大，哥哥喊‘剪刀石头布’的时候，你很快就出了石头，我看到你在积极思考呢。”

> 其实比回应输赢结果的话术更重要的是，我们能否看见孩子在这个过程中做了什么样的努力。

这些基于事实的描述，都可以让孩子积累信心。我们可以用肢体语言来表达对孩子的支持，用我们观察到的孩子行为作为切入点，引导孩子注意到这个过程中自己和他人所做的事情。

如果孩子听完了我们说的话后还是哭怎么办？那就继续强调：“弟弟努力了，但结果不够理想，你觉得要怎么处理才好呢？”用开放式的提问引发思考，和孩子一起去研究问题，跟着孩子的线索寻找破局方法，这个过程也是我们能给予孩子的最直接的支持。

◆ 诚实面对孩子的表现

回到前面一一妈妈的例子，你现在心里有答案了吗？实际上在孩子面对输赢的过程中，妈妈需要诚实面对孩子的能力状况，坦白地告诉一一：“你和哥哥的年龄不一样，发展水平也肯定不同。”让孩子明白目前水平不一致，并不是因为他能力不够，而是客观的现实标准。在自己的能力范围内，面对挑战不退缩，做好自己能做的事情，这便是我们自尊感的来源。

同时也需要给予孩子面对失败和挫败的勇气，坦白地告诉一一：“是的，搭不出哥哥那样的城堡，让你觉得很挫败。”情感上的同理和支持，是孩子掌控力量的源泉。而和孩子一起思考解决问题的方法，则是孩子破解难题的指向标，不妨问问孩子：“你觉得我们可以怎么做呢？”让孩子自己提出想法，提不出来也没关系，那就陪他一起去面对。

父母的责任也包括成为孩子的镜子，讨论行动、协助思考，这些对孩子来说都是很珍贵的礼物。孩子正在努力地想要往前走一点儿，那我们就跟孩子一起去正视过程和结果，不哄骗才是他们真正需要的。长远来看，帮助孩子明白努力的价值有助于培养成长型思维。原来活动、比赛是生活中的一件小事，比起只盯着能不能超过别人，还有更多可以密切关注的东西。

掌控感让孩子内心强大

面对孩子的行为，我们需要建立更宏观、更整体的视角。我也会看到，有时候哥哥跑得快一点儿，弟弟会沮丧地说：“我输了，哥哥跑得比我快。”但有时候弟弟又充满斗志：“哥哥，你先跑，我来追你啦！”输不起的行为会反复，标准也经常变化，这些都是很正常的表现。

只有我们自己接受“输不起”是一件正常的事，才能一步一步帮孩子积累足够的能量，更好地面对自己和他人的评价。

最后只有当孩子可以跳出局限来看待输赢的结果时，他们才会知道如何保持一颗平常心。此外，平时生活中孩子由内而生的掌控感是需要被记录和强化的，我们每一次的言语认可，是孩子最初也是最重要的力量来源。

◆ 首先要关心人，而非关心事件

孩子的生活永远都是由大大小小失控与控制的瞬间交织而成。而当我们从关心孩子的角度出发时，我们会好奇孩子的选择，好奇孩子会如何面对这些事情。我们因好奇而发出提问的时候，往往给予孩子的信任感和掌控权越大。

你可以尝试关心孩子："怎么了？""还好吗？"或表达你的好奇心："发生了什么事情？""我很好奇你们怎么了？"以这些词汇和句式作为聊天的开头都比较温和。我在心理咨询中也常用，因为它既可以避开"不信任"的感受，也可以给对方一些线索，让人能够开展对话，告诉你缘由。每次冲突出现，我们不应该成为孩子问题的法官，也不是孩子事件解决方案的提供者。当孩子开始愿意觉察环境和整个事件的时候，孩子的内在自我觉察力也在一步步复苏。

◆ 其次在于好奇和关注孩子的应对状况

让孩子回看整个事件和环境，其实是帮助孩子降低解决问题的难度，而孩子处理事情的思考和行动，便是孩子每一次掌控力强化的结果。你可以尝试问问孩子："怎么办呢？""我们可以怎么处理呢？"很多时候，当看到孩子遇到问题时，我们本能的反应是想方设法帮他解决，这无形中忽视了孩子自身在事件中的责任意识。"那怎么办才好呢？"这些对话是不会打死结的，也是孩子诉求的真实呈现，帮助孩子在觉察后提升自己的责任意识。

有时候，孩子自行解决问题的方式，往往会超出成人的预想。就好像一一妈后来跟我说，当她开始调整跟一一说话的方式的时候，一一开始主动邀请哥哥来当他的老师，一起去搭建主题乐园。这个结果她没想到，但这也足够让她惊喜。

对父母来说，这其实也是一场修行。每个人的每一步成长都需要试错，包括为人父母，我们也是在不断地试错，不断地改进，最终才找到最适合的亲子相处模式。

> 让孩子有试错的空间，也能找到针对性尝试和探索解决方式的方向，这才是试错力的正确打开方式。

我们总在说，很想把孩子养育成一个能够掌控好自己人生的人。但是很多时候，我们又往往保护着孩子到“远离真实人生”的地步。真正的内心，眼睛是看不见的。只有愿意用“心”来看待孩子的问题，我们才能明白孩子内心的求助信号，孩子并非输不起，他只是还没找到面对的方法。

给孩子提供更多的机会，让孩子可以做自己想做的事情，犯自己可能会犯的错误，最后找到自己的责任和位置。唯有如此，孩子才能更容易搞清楚，到底他想成为一个怎么样的人，以及做哪些事情能让自己充满热情。我们是孩子面对真实世界的力量源泉，是孩子的“根”和“翅膀”，但我们终究无法代替孩子飞翔。

Chapter 5

如何让孩子体验成功

法则5

成功才是成功之母。鼓励孩子找到目标，激发孩子保持热情，这便是成功的奥秘。

萌芽社群里曾经开展过一个圆桌讨论，主题是两个问题：

当年被逼上兴趣班的你，如今感谢父母吗？

当年没有被逼上兴趣班的你，如今感谢父母吗？

回答的人很多，每个人想起自己童年的兴趣，都有好多话曾经一直放在心里。那些感谢家人的会说，谢谢他们在自己贪玩和想放弃的时候逼了自己一把，因为如果没人逼，现在肯定不会有这个兴趣爱好了。也有人因为小时候被逼学小号，觉得童年都被毁了，长大了还厌恶与小号相关的一切：“就算父母为了我好，也没法感谢父母逼着我学自己讨厌的东西啊。”当然，也有的人感谢父母“佛系”，让自己有了一个无忧无虑的童年，也让自己拥有一个开朗快乐的性格。

群里讨论得热火朝天，但真的快结束时，我们又陷入感慨：“很快就轮到我们给孩子报兴趣班了。”因为写这本书的缘故，我回过头又去采访了之前参与过圆桌讨论的妈妈们，问她们之前曾跟父母为了兴趣班博弈过，而现在自己跟孩子在兴趣班的选择上，是否出现过矛盾。

有妈妈说为孩子报了编程、舞蹈、英语、画画、钢琴、艺术、声乐等各类兴趣班，孩子看起来对各个兴趣班都很喜欢也很投入，但几乎没有亲子时间了；有妈妈苦恼孩子学钢琴总是坚持不下去，该不该让孩子坚持成了自己的一个难题；也有妈妈现在开始给孩子的兴趣班做减法，一周不超过3门课，但也纠结这个做法会不会让孩子落后在起跑线上……大家的烦恼总是惊人的相似。

不管是孩子小时候的兴趣班，还是中小学的课外项目，我们当然希望孩子可以找到自己的兴趣爱好，挖掘出自己的潜能天赋，但实际上真正面临这些选择时，我们又容易陷入纠结。应该如何看待兴趣爱好的选择，又该如何陪孩子走好这段兴趣之路，这便是本章节我想跟大家分享的话题。

“坚毅指数”比智商还重要

我们小时候都听过爱因斯坦的名言，“天才 =1% 的天赋 +99% 的努力”，在学业和事业的发展上，天赋和努力仍然有着各自重要的意义。我想跟大家分享一句话：“成功的关键不在天赋和智商，而在于热情和努力的总和。”这句话出自美国宾夕法尼亚大学心理学教授、2013 年麦克阿瑟学者奖得主安琪拉 · 达克沃斯（Angela Duckworth）。达克沃斯通过对大量成功案例的分析，得出了坚毅理论。她用简单的方程式，解释了一个人的天赋是如何转变为成就的。

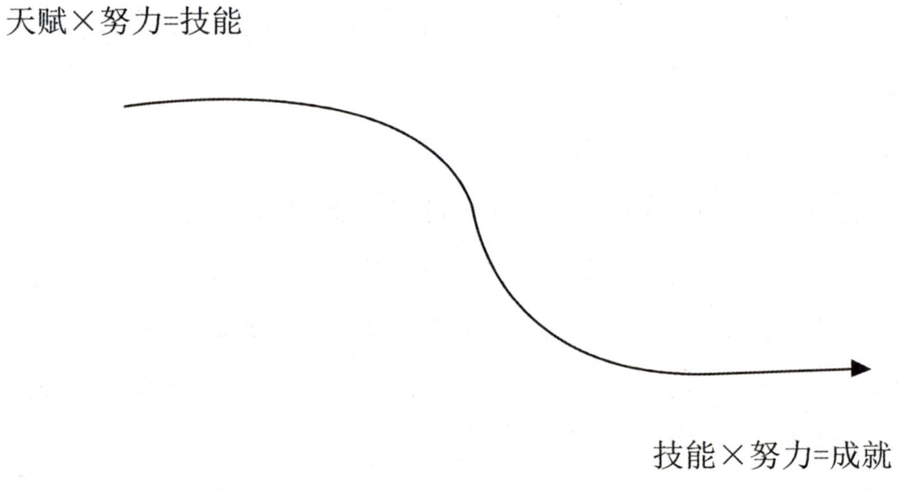

在这个过程里，天赋是指当你投入努力的时候你的技能能够得到多快的提高，成就是指当你努力运用获得的技能时所产生的结果。当不同的个体处在相同的情况下，一个人能取得多大的成就只取决于两件事情：天赋和努力。天赋绝对重要，但是努力的因素需要被计算两次，而不是一次。我将达克沃斯方程式做了一个简化：成就 = 天赋 × 努力 × 努力。

很容易看出的是对于成就而言，努力因素比天赋有更大的权重，因为在公式里，努力是平方，而天赋只是在第一个阶段出现。当我们的目标是获得一个更大的成就时，我们最佳的选择就是通过一遍又一遍地重复、努力奋斗，用耐心来掌握技能，这样的投入对任何人而言都是可以做到的。

也就是说，如果不努力，无论天赋多高，都很难掌握新的技能。即便学成了，如果不努力，也不会真正出效果。所以达克沃斯在一系列的追踪实验后发现，一个人坚毅的指数比智商和分数有更强的预测性。

◆ 坚毅不只是坚持

既然成功需要努力的支持，那面对孩子的兴趣爱好，仅仅强调坚持就够了吗？并非如此。

> 坚毅指的是你有一个清晰的长远目标，并且一直保持高度的热情去实现这个目标，即便当下不断地遭遇失败，或者看不到成功的希望，也愿意付出努力去实现自己心中的目标。

这里有两个因素：热情和毅力，热情是前提，毅力是过程。

我在心理咨询中接触过很多焦虑的父母，发现大家对于坚持存在着很多误解。孩子不仅没有因为坚持而获得成功，而且还因为父母推着坚持伤了心，最后两边都到不了岸。大家心里无比焦虑："难道我的坚持有错吗？""我想让孩子成才有错吗？"这些疑问都是父母很难解开的心结。

实际上，这里最大的误解恰恰就是认为坚持只要想就应该去做。相反，坚持的前提是先帮助孩子找到对的兴趣。只有兴趣是对的，坚持才有意义。

"对"的兴趣可以激发孩子的热情。这不是我们强加在孩子身上的兴趣，而是孩子真正喜欢并愿意投入热情的兴趣。兴趣从来都不是设定好的，它存在一定的随机性，每个孩子的兴趣都不一样。孩子发现兴趣的过程有时候带有很多的偶然性、突发性和随机性，父母也没有办法给孩子贴一个标签，孩子更无法迫使自己对某一件事情产生兴趣。

但可以肯定的是，我们是否允许孩子自主做决定，是否愿意跟孩子一起体验知识的广度和深度，我们本身是否愿意开放吸收新事物，这些心态都会影响孩子。在孩子最初的 6 年时光里，我们可以通过亲子陪伴的时光，丰富、系统性的优质探索活动，让孩子找到自己热爱的事情。当你发现孩子愿意花好几个小时画画，或者什么都不想做只想看书，又或者拼了半天的拼图一定要拼完才肯罢休的时候，这很可能就是孩子"对"的兴趣。

◆ 兴趣班不是越多越好

在这个探索的过程中，我们需要对孩子的兴趣做减法。像在最开始体验的时候，孩子一定会有很多感兴趣的地方，但是因为每一个项目都需要投入时间和精力，所以过多的项目反而容易让孩子分散精力和时间，不利于培养坚毅品质。

我在给两个孩子报兴趣班时，也会跟孩子们一起去讨论、分析不同主题的兴趣班。比如，不同主题的兴趣班可以学到什么，可能会遇到什么样的困难，自己更偏向学什么？

问题没有标准答案，更多的是我和孩子的头脑风暴，在这个过程中，他们也需要整理自己内心的期待。再比如下面这几个核心问题的讨论：

- 自己是否感兴趣？
- 觉得自己能否坚持上课？
- 你能坚持多久？是否想过给自己一个最短坚持期？
- 中途你要是不想学的话，怎么处理才好？

我们会一起筛掉一些不适合我们的选课因素，比如时间不合适，和现阶段孩子能力不匹配，不喜欢的互动方式、试听课体验不理想、距离太远接送不方便等，然后再报名试听课，看看孩子们的反馈，评估时间表和上课状态，和老师沟通教学方式和目标，最后再跟孩子确定学习强度是否愿意接受等。过程虽然烦琐，但这也是为孩子的坚持做铺垫。

在兴趣爱好的选择上，孩子会反复吗？一定会的。甚至有些孩子并不清楚自己喜欢什么，什么都喜欢或者什么都不喜欢的情况比比皆是。这个时候，我们也需要根据平时对孩子的观察，根据孩子的兴趣爱好来挑选。当时我给 5 岁哥哥 Joshua 报钢琴兴趣班，并不是因为我确信哥哥一定喜欢钢琴，而是觉得他的个性挺适合钢琴学习，他专注力强，又肯刻苦，对技能也有要求，都是学习钢琴的基本要求，所以我鼓励孩子试一试。实际上在孩子接触钢琴后，他也发现自己对音符的辨识力高，听曲便能谱调，这是我意想不到的地方，这些额外的收获也激发了他在钢琴学习上更多的热情。

很多时候，多给孩子体验的机会终究是不会错的，但之后别忘了跟孩子一起做减法，这样才可以把父母帮孩子做的选择，真正内化为孩子自己想要去努力的兴趣。

战胜最容易放弃的前 50 小时

找到“对”的兴趣往往只是开始，孩子同样需要更长的时间渡过下一个难关，这就是心理学中提到的“50 小时”法则。人们开始学习任何一个新技能，最初的 50 个小时是最容易放弃的，大多数人会在前 50 小时就知难而退，选择放弃。而一旦熬过了最艰难的 50 小时，能坚持到底，那么实现自己目标的概率就会超过 50%。

即便找到了“对”的兴趣，孩子好像已经认定了这个方向，问孩子“想学吗？”“想学！”“能坚持学下去吗？”“能！”可是到了真正要坚持的时候，却发现孩子总是闹别扭，“不想上了”“不想读了”“没有兴趣了”“妈妈你别逼我”……现实总是残酷地把我们想象中的美好打碎，然后揉成一团。在这个十字路口，你要坚持，还是要放弃？但答案往往不言而喻：不要轻言放弃，特别是在这最开始的“50 小时”里。

在孩子确认要参与的活动上，跟孩子约定一个坚持的时间期限。如果孩子在 3 ~ 6 岁，可以约定 5 节课，或者一个学期的课程，上了小学后就可以约定半年或者一年，再大一点儿，那可以是两年或两年以上。这样孩子才有机会在这个过程中体会什么是坚持，什么是迎难而上，什么是坦然面对失败。

刻意练习要配合目标设定

任何人早期的兴趣都是脆弱而模糊的，需要有意识培养和精心沉淀才能获得更深厚的力量，所以坚持必不可少。

认知心理学家安德斯·艾利克森（Anders Ericsson）提出了“刻意练习”（Deliberate Practice）的概念，这个刻意练习可以帮助孩子有目标地持续进步，帮助孩子积累更多的刻意练习机会，去重新理解和应对困难，同样也可以提高孩子的坚持度，让坚持和勤奋成为孩子内在的驱动力。这个过程便是心理上为孩子赋能。

生活里我们经常看到两个孩子用同样的时间，花了同样的努力练习，却收获不同的效果，原因何在？因为练习的方式不一样。举个跑步的例子，一个孩子跑步每天都是同样的动作，花同样的时间——控制在 15 分钟内，完成 1000 米的跑步；而另外一个孩子，每天也完成 1000 米，但是爸爸妈妈一直帮孩子记录跑速、距离和路线、跑完后的心跳和中间穿插的快跑次数，并且给孩子制定了一个短期目标，每天提高一点儿跑速。

这样一段时间练习下来，收获的结果便会完全不同。第一个孩子也许还停留在 15 分钟跑完 1000 米，但是第二个孩子可能只需要 10 分钟就能跑完 1000 米。所以刻意练习方式跟普通练习方式最大的区别在于它的目的性和计划性。

当我们针对孩子的某一个目标设定刻意练习方向时，需要基于孩子的特定弱点，我们首先得制定一个有一定挑战性的清晰目标。这意味着我们对过程是有质量标准的，如果没有质量标准，只是重复的作业，对于任何人的精进并不会有太大的帮助。

比如我们发现正在学习篮球的孩子，运球的时候经常不能控制球的方向，那么我们就可以跟孩子一起定一个小目标：“能够沿着一条线，平稳地把球运到对面。”这些目标并不是孩子无法企及的，而是属于孩子的“最近发展区”，给孩子一些有难度的挑战，才能让孩子练习自己还不会做的动作，为达到超越自我的目标而努力。从与孩子的交流中，或者观察孩子的上课表现，甚至在跟指导老师的聊天中，我们都可以找到这些有挑战性的目标。

停止某个兴趣活动不等于放弃了爱好

实际上，这个问题要给出肯定的回答并不容易。小时候我们听得最多的或许是“兴趣班的学费可高了，你一定要好好学”。家长不会问我们为什么不想学，而是无论如何都不能不学。我小时候学钢琴跟家人常年搞拉锯战。我从没有发自内心地喜欢过学钢琴这件事情吗？不是的，但当我后来觉得自己练琴是为了别人的期待时，它反而成了我特别沮丧、没有动力的事情，让我无数次想放弃，所以我学琴 5 年，争执 3 年，直到家人妥协。

真正的兴趣既然应该是孩子内心喜欢的，而不是父母小时候梦想的投射，那么每个孩子都应该有放弃的权利。

> 放弃并不一定是一个坏选项，当精力、时间有限时，找到更适合自己的兴趣爱好或者活动时，可以通过各方面综合考虑来停止一项活动。

这里的区别是什么？区别在于这个过程是否为综合评价后做出的决定。换句话说，孩子不能因为今天受了老师一句批评或者跟班里的同学吵架，又或者是觉得上课还不如玩游戏更好，就决定放弃和退出项目。真正对孩子有帮助的放弃，是深思熟虑之后的决定。

在孩子承诺的时间段里，还是得先完成自己开始做的事情，“50 小时”法则一样适用于退出前的阶段。而在孩子想要放弃的时候，约定好时间段，带着孩子去做一个阶段性的总结和回顾，之后再做出放弃还是坚持的判断，这样对孩子更有帮助。

我也给弟弟 Eric 提交过兴趣班的退出申请，Joshua 也会明确地告诉我他不喜欢的兴趣爱好是什么。这些过程都是孩子需要经历的。实际上不管孩子报什么兴趣班、社团和活动，我们都没有办法预测孩子最终会走向何方。

陪着孩子一起体验过程，这里自然也包括了放弃和坚持。这个过程需要我们抑制住自己内心的冲动，避免去评判孩子的选择，还要跟孩子一起去体会，哪怕做了放弃的选择，也并不意味着一切的终止，我们仍然还有很多努力的方向。

停止某一个兴趣班或者课外活动，不等于孩子放弃了这个兴趣爱好。只要努力过，这个坚持的过程就可以转化为坚毅，转移到其他的学习和项目上。当我们愿意时时刻刻去倾听孩子的反馈、理解他的内心需求，并且引导他思考每个选择的方向时，才可以让孩子有更大的自由空间，找到自己内心的爱好，才可以让孩子成为自己。

唤醒孩子兴趣的引导策略

兴趣是可以被唤醒的吗？当然可以的。有些时候孩子看起来对什么都不感兴趣，或者总是三分钟热度，搭积木还没三分钟就不玩了，说乐高不好玩，要去画画，可换成画画结果又一样。很多苦恼的父母都会鼓励孩子多坚持一下，但往往结果是说了也白说，不起作用。

这时候我们需要换个角度来看，在孩子还没有找到“对”的兴趣之前，我们可以通过行为感染来唤醒孩子兴趣的萌芽。过程虽然费时间，但对孩子来说至关重要。

我跟大家谈谈 Joshua 经历过的事情。现在 6 岁的 Joshua 很喜欢艺术，水彩、涂鸦和手工等都玩得不亦乐乎，我保存的作品已经有将近 20 个厚厚的文件夹，但实际上 Joshua 在 3 岁时，有很长一段时间非常排斥艺术材料，无论是彩泥还是绘画，一见到就跑，在幼儿园里一个学期下来，唯独他什么都不参与，作品集几乎是空白的。

最开始的时候，我尝试了很多方法，但始终唤不起他的兴趣。虽然他在我的鼓励下可以象征性地参与其中，但很快又停下来换成他更熟悉的项目。坦白说，无论是老师还是我都希望孩子能够走近艺术，去体验更多艺术创造的可能。因为艺术探索所带给孩子的，不仅仅是求知欲和好奇心，也包括了创意和想象力，更可能是孩子情绪表达的自留地。

在迷茫的时候，我跟老师有过一次谈话，老师当时说了一段让我大受触动的话：

老师：“我想你可以和我一起做一件事情，这件事情需要你和我一起做，持续做下去，我想终有一天孩子会有所改变的。”

我：“是什么事情呢？我能做得到吗？”

老师：“你也一起玩沙、玩涂鸦、玩水，你很开心、很有激情地参与进去，孩子会被你感染的。”

这番话让我茅塞顿开。我曾尝试了无数做法，但唯独忽略了我就是最深刻影响孩子的环境。于是，我开始突破思路，每周末和孩子们花一整个下午的时间，只做一件事情——创造我们的“幻想王国”。

我会先在客厅给孩子们准备一张长长的卷纸，还有一堆足够数量的颜料、画笔和画板。而当孩子们在客厅完成作品之后，我们便转移阵地到浴室，这个不受拘束的环境里提供了孩子艺术探索想要的素材，孩子可以将已经完成的作品和一些开放性的素材——比如蜡笔画、手指画、水花、沐浴露——随意混搭，我们即兴探索，开启幻想王国的设计，更随性穿插戏剧表演和打水仗游戏等。

我和孩子玩了半个学期和一个寒假，新学期开学后，老师惊喜地告诉我，哥哥对艺术探索活动毫无畏惧，和上学期的表现判若两人：“孩子在兴趣体验的过程中更加自主、放松和洒脱，并主动增加新尝试，来表现他内心的想法。”

“如果你想培养孩子的坚毅，要先自问，你对自己的人生目标有多少的热情和坚持，接着自问，你的教养方法鼓励孩子效法你的可能性有多高。”达克沃斯这句话强有力地肯定了效仿的力量。

> 效仿不等于模仿，帮助孩子培养兴趣爱好并不是一个机械的技能培训。让孩子愿意效法父母，意味着我们要身体力行，敢于探索，并且勇于突破。我们先享受其中，保持反思和开放，才能真正感染孩子。

◆ 不要给自己设限

有一次，哥哥 Joshua 对弟弟 Eric 的发音兴起了纠错的念头，听到 Eric 读书后，就说：“弟弟，你读书声音太小了，我听不到！”“你这个发音不对，应该是这样，听我来说。”

这无疑就会增加Eric的压力，果不其然，Eric跑来跟我说："我不念了，我再怎么读也不会像哥哥读得那么好听。"他放弃了，因为找不到坚持的动力。我当时听到这句话后，直接握住他的手，一字一句地说："不，Eric，我喜欢听你读。你读书从来都不是为了成为哥哥。"这句话便是我给孩子最直接的反馈，也同样是我的态度。

我们稍微留意下也许便会发现，塞利格曼的"习得性无助"现象经常出现在生活中。很多时候我们总会在不经意间给自己设下限制，孩子会因为一两句话认为自己永远都学不好，我们更是如此，当我们看到别人的生活很美好的时候，我们可能会感慨自己的人生为什么如此坎坷。

但是很多时候，当我们仔细想深一层，这些限制都是我们自己加上去的，我们让挫折和过去的经历压得自己喘不过气，甚至认为自己做不了，"我们天生就只能这样子了"。这些同样都是很大的遗憾。或许正如达克沃斯所说，什么是坚毅呢？

坚毅是一步接着一步走下去；

坚毅是牢牢抓住自己感兴趣又有意义的目标不放；

坚毅是日复一日、年复一年地投入具有挑战性的练习之中；

坚毅是摔倒了7次，第8次仍然选择站起来。

这并不是几句空洞的"鸡汤文"，将坚毅理论用在孩子兴趣培养上，也从来都不是只要努力了就行，更多的是我们能否给予孩子全方位的支持，能否帮助孩子找到感兴趣的事情和坚持努力的方向。成就不会突然从天而降，所有技能积累都是从最初的尝试开始的，所以我们不需要介意太多，牵着孩子的手，跟孩子一起朝着目标不懈努力就对了。

实践工具箱

坚毅指数量表

达克沃斯设计了一套量表来测试每个人的坚毅指数。以下是一些可能适用于你或不适用于你的描述。没有对错之分，所以要诚实地回答。不需要过度思考，只需要问问自己，与大多数人相比，而不仅与同事、朋友或家人进行对比，你是怎样的。最后，你会得到一个分数，这个分数将反映出你对自己的热情和坚持。

	很像我	大多数像我一样	有点儿像我	不是很像我	一点儿也不像我
1.新的想法和项目有时会分散我对事物的注意力。	1分	2分	3分	4分	5分
2.挫折不会阻止我。我不轻易放弃。	5分	4分	3分	2分	1分
3.我经常设定一个目标，但后来却选择了另一个目标。	1分	2分	3分	4分	5分
4.我是一个努力工作的人。	5分	4分	3分	2分	1分
5.我很难把我的注意力放在那些需要花几个月时间完成的项目上。	1分	2分	3分	4分	5分
6.无论我开始做什么，我都会完成。	5分	4分	3分	2分	1分
7.我的兴趣逐年变化。	1分	2分	3分	4分	5分
8.我是勤奋的。我从来没有放弃。	5分	4分	3分	2分	1分

（续表）

	很像我	大多数像我一样	有点儿像我	不是很像我	一点儿也不像我
9.我在很短的时间内就会对某个想法或项目着迷，但后来却失去了兴趣。	1分	2分	3分	4分	5分
10.为了一个重要的挑战，我克服了挫折。	5分	4分	3分	2分	1分

提示：逐项相加，总分在 5 ～ 50 分之间，分数越高，恒毅力越高。

做完量表后看到分数，你对自己坚毅情况是否有了大概了解？坚毅完全是可以后天增强的，所以不要气馁，针对自己的弱项进行一些刻意练习吧，一定会越来越好的。

Chapter 6

如何保持孩子的高阶注意力

法则6

一个成功的人，一定是具备良好注意力的人。注意力是孩子学习力的关键。

我收到过社群妈妈的咨询，说孩子会爬后就越来越坐不住了。“每次读书我费了九牛二虎之力，孩子只能专心几秒钟就爬走了，真的是特别有挫败感。孩子以后会不会注意力不好，影响未来的发展呢？”

也有妈妈说苦恼持续到幼儿园，原因是孩子的注意力情况依旧不好，问我：“老师都跟我提过很多次，她的涂色作品画几笔就没了，其他小朋友都能完整画好一幅作品呢。孩子课间做游戏时也总是走神，这是怎么回事？”

坦白说，每次收到这样的咨询，我脑海中浮现出来的是我家 Eric 的情景。小时候给他读绘本，也是使尽了我浑身解数，才能让他多关注我几分钟。他 3 岁时还总爱换着游戏来玩，有段时间长辈总担心地问我，Eric 的注意力是不是出了问题。现在 Eric 4 岁多了，他的注意力比之前好了很多，遇上自己喜欢的事情，比如阅读和拼图也能坚持很久。

为什么孩子会坐不住呢？好动宝宝的注意力情况如何判断，有没有什么注意事项是需要提前知道的，这也是我想和大家分享的重点。

好动≠注意力出问题

注意力，也称为专注力，是孩子很重要的学习能力之一，用法国生物学家乔治 · 居维叶（Georges Cuvier）的话来形容：“注意力就是知识的窗户，没有它，知识的阳光就照射不进来。”实际上，很多活泼、好动的孩子，看起来好像总是在转移兴趣爱好，但他并不是注意力不集中，更不是多动症（ADHD）。我们来看看被心理学诊断认定为注意力不集中的表现有哪些：

	学龄前	小学期	青少年期	成年期
注意力不集中的表现	持续游戏的时间少于3分钟	忘东忘西； 容易分心； 持续游戏时间少于10分钟	相对于同龄孩子，更加没有办法持续专注工作； 没有办法仔细注意细节，容易忘记约定的事情； 专注时间少于20分钟	容易忘记约定的事情； 没有办法实现准备或规划需要长期完成的事务

引自 Weis, R. (2014)，Introduction to abnormal child and adolescent psychology

注意力不集中的表现在不同的年龄段是不同的，比如学龄前持续游戏时间少于 3 分钟，小学期少于 10 分钟，青少年期专注时间少于 20 分钟，成年期没有办法进行长期规划，都是比较显著的表现。此外，我们还可以通过一些小测试来评估，比如下面这个脸谱题：

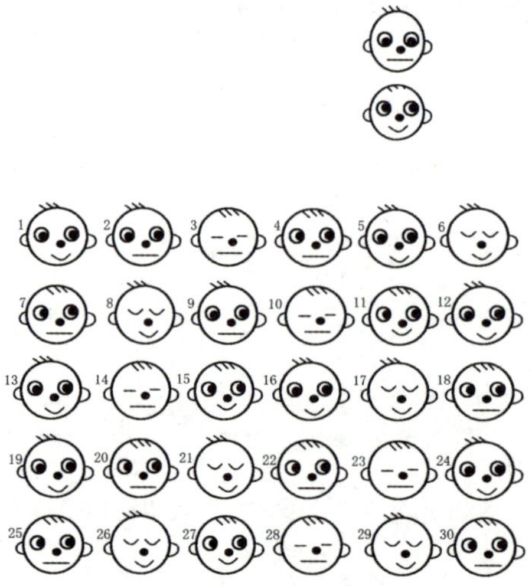

右上方的两个脸谱会在下方一堆的脸谱里出现好多次，请将同样的脸谱圈起来，然后统计孩子完成这个游戏的时间。如果是 7 ~ 8 岁的小朋友做这道题目，低于 75 秒是比较合适的；如果是 11 岁的小朋友，那大概只需要 45 秒。这种类型的注意力测试小游戏有很多，我在本章节的结尾再做详细分享。

想对孩子的注意力情况做更系统的分析，还可以看看下面这个测评表。如果下面的症状中有 6 项或 6 项以上，持续出现至少 6 个月，孩子就需要进行进一步的专业检测：

①经常没有办法仔细注意细节，在学校作业、日常工作或活动上经常粗心犯错。
②完成课后作业或日常工作时，持续维持注意力有困难。例如，没有办法专心上课或写作业。
③别人对他说话的时候，经常看似不专心聆听。
④经常没有办法根据指示完成功课、日常的家务或者任务。
⑤在规划工作和活动时经常遇到困难。
⑥经常逃避或者不喜欢从事需要持续花费心力或全神贯注的工作，比如抄写单词、复习功课和写作业。
⑦经常丢失工作上或学业上的重要物品，比如课本、作业本、文具、雨具、衣服。
⑧经常容易受到外界刺激干扰而分心。
⑨日常生活上经常容易遗忘事情。

引自 American Psychiatric Association（2013）《DSM-5 精神疾病诊断准则手册》

所以大家会发现，过度诊断孩子注意力不集中的情况，实际上是给孩子强行贴标签，也会引起父母焦虑，更容易导致父母用错误的方式去帮助孩子提高注意力，那样就得不偿失了。

注意力的 4 阶表现

当我们担心孩子的注意力发展程度时，我们首先要了解孩子不同的注意力等级。人的注意力分为 4 个等级，分别是初级注意力（Unfocused Attention）、中级注意力（Focused Attention）、高级注意力（Active Attention）和顶级注意力（Reflective Attention）。

◆ 初级注意力的表现是“心不在焉”

简单来说就是“人在心不在”的状态。3 岁前的孩子很容易出现这个情况，比如表面上看孩子是在安静地听我们说话，但实际上孩子的心思早已经放在其他地方，或者被旁边的小玩具吸引了，或者只是纯粹的发呆，这都属于初级注意力。

◆ 中级注意力的表现是“随心所欲”

很多孩子都会出现这种状况，在大人眼中就是风风火火、随性好动，身体动得比脑筋快。举例来说，如果你发现孩子都没想清楚怎么说话就噼里啪啦说个不停，或者你让孩子帮忙拿点东西，孩子都还没听清楚你说什么，就已经跑去取了，又或者你发现孩子坚持着要把吸管塞进小孔里，哪怕小孔和吸管的尺寸是完全对不上的。这些表现都属于中级注意力。

◆ 高级注意力的表现是“有效关注”

这个表现跟我们成年人认为的注意力集中的概念比较契合。表现在全神贯注地只做一件事情，即便想不明白也不放弃钻研。举个例子，前面我提到中级注意力的孩子虽然也会坚持要把吸管塞进小孔，哪怕尺寸完全对不上，但是有一些孩子却会想办法。他会用小剪刀把孔开大一点，或者去研究怎样的吸管才能对应得上孔的尺寸，这些就是高级注意力的表现。

◆ 顶级注意力是最高层级的注意力，表现是“持续思考”

举个例子，同样是一动不动，初级注意力的孩子可能就是纯粹发呆，哪怕目不转睛看一个东西，实际上脑袋是放空的。但顶级注意力的孩子的大脑是非常忙碌的，他可能已经在脑海里思考很多的方案和想法，最终做出判断。最后你可能会看到孩子盯着一个东西很久，然后拿出水彩笔把这个东西画出来。这些都是顶级注意力的表现。

我们当然都希望孩子拥有高级、顶级的注意力，但如果没有中级注意力的铺垫，就没有高级注意力的萌芽。以我家两个孩子为例，他们俩的注意力情况也是不一样的，年长一点儿的 Joshua，注意力级别肯定更高，不管是高级注意力还是顶级注意力，都能大比例出现，而 Eric 的注意力级别更多是在中级注意力往高级注意力过渡的阶段，现在仍不稳定。

此外，这 4 种注意力等级，不仅孩子身上有，成年人身上也存在，甚至一天不同的时间段里，这 4 种注意力等级会交替出现。比方说当我们出席一个特别枯燥的会议时，可能自己也会动用初级注意力，玩玩手机，想一下其他的事情，一眨眼会议结束了自己什么也没记住。而当我们要赶工一个项目，我们也会动用更多的高级、顶级注意力，让我们可以全身心地投入，尽善尽美地完成任务。

用好奇心来帮助提升注意力

虽然判断出孩子注意力的等级程度是基础，但我们仍然需要了解导致孩子注意力不集中的因素，因为很多时候孩子不是不愿意专注，而是真的不感兴趣。

> 注意力和好奇心是紧密相关的两种能力。英国教育家玛利亚 · 鲁宾逊（Maria Robinson）是这样阐释好奇心和注意力之间的关系的："当一个人被某个事物吸引，或者对某个事物产生好奇的时候，就会开始注意它，这为我们收集和整理信息提供了很重要的通道。如果我们能够提供给孩子感兴趣的注意焦点，就可以促进注意力的提高。"

所以在开头的例子里，当对孩子坐不住、不愿意坚持的表现感到忧心忡忡时，我们更需要花时间去思考孩子对某些事物是否产生好奇和兴趣。

想象一下如果我们参加一个活动，哪种形式更能吸引我们坚持下去呢？是枯燥的报告会议，是需要亲自参与的工作坊，还是丰富多彩的演出活动？很显然是后面两种。但后面两者仍然是有区别的。工作坊需要主动参与，演出活动被动观看即可。要达到培养孩子注意力的目的，最好的选择还是工作坊。

以亲子阅读为例，我们需要让孩子体会到，自己能够参与阅读的过程，这非常重要。很多孩子越来越不喜欢阅读，是因为他始终处在一个"被动看剧"的位置——一个演出活动看下来，能够记住的，也只有那几幕有共鸣的部分，但这对孩子的成长来说还远远不够。

提高跟孩子的共同关注度（Joint Attention），家长跟孩子形成一对一的互动，是很好的提高注意力的方法。

我们要善于利用肢体语言，抓住孩子的注意力。比如你可以尝试这么做：

• 发起提问，并且等待和观察孩子的表情："宝宝，这是一本关于蚂蚁的书，你看到了什么呢？你可以用手指一指。"

• 牵着宝宝的手，引导宝宝去摸、去拍、去翻页："对了，这本书上讲了一只小蚂蚁在散步，小蚂蚁看到了花——树叶——还有小河流——摸起来滑滑的。"

• 要保持饱满的情绪，比如惊喜感："哇！原来小蚂蚁发现了一朵花！"比如沮丧感："摔倒了，小蚂蚁很疼吧？"努力用你的声音感染孩子。

• 适当时候，也可以和孩子一起表演，比如学小猫伸懒腰，学小狗弓步，或者模拟小青蛙跳步。

举个例子，Eric 在 2 岁多时专注状态不长，看书不到 5 分钟就扭着屁股要逃跑。但是我抓到空档就拿着书在他面前晃，指着书里的小猫，笑呵呵地跟他说："弟弟，你看这只小猫多有趣啊，你要不要一起来看看呢？"Eric 随着我手指的方向注意到这只小猫，这也是注意力的聚焦。家长跟孩子的一对一互动可以拆分在早上、下午等各种时间段里进行，只要孩子愿意参与，就可以津津有味地做起来。所以尽管一开始 Eric 的注意力程度起点并不高，但长期坚持下来，他的注意力发展也是有目共睹的。

提高注意力的有效建议

很多人以为提高孩子的注意力只能通过医学训练，实际上并非如此。生活对于孩子来说，就是一个大课堂，我们可以引导孩子去留意身边的生活细节和场景，从而提高孩子的观察力、思考力和注意力。试着问问 2 ～ 6 岁孩子以下问题，也可以想想之前是否跟孩子开展过这类对话：

• 我们家楼下的大堂一共有多少扇窗户？

• 孩子，请把眼睛闭上，然后告诉妈妈，妈妈今天穿了什么颜色的衣服呢？

• 当你进入学校后，你看到的第一个事物是什么呢？

• 孩子，请告诉我你最常去的一个地方，你还记得它的样子吗？

• 你最好的朋友叫什么名字？

• 你记得妈妈吃饭前做的最后一件事情是什么吗？

• 请留意看这个客厅，妈妈把什么东西藏起来了呢？（藏起来一件大型物件）

• 孩子，请把眼睛闭上，你告诉妈妈，妈妈今天的衣服上有多少个纽扣呢？

• 你知道我在哼什么歌曲吗？歌词你还记得吗？

• 刚刚跟妈妈谈话的那个阿姨，你还记得她穿什么颜色的衣服吗？

类似这样的提问有很多，核心点是对细节的回顾。当我们阅读绘本、跟孩子交流生活中的情景，或者在回顾一天的收获时，都可以问这些问题。你可以有意识地、轻松地向孩子提问，然后等待孩子的回答，即便回答不出来也没有关系，不需要限定答案，就让它成为一个可以启发孩子思考的问题。

当我跟两个孩子玩这个游戏的时候，他们的表情当然也是不一样的。有时候孩子立刻就注意到了，大声地喊出答案，有时候猜不出的孩子会偷偷地用眼睛瞅来瞅去，想看看能否找到答案，有时候发现自己原来真的忘记了，只能摊手跟我说想不起来。

◆ 通过游戏提高注意力

体育活动对提高孩子的注意力是很有帮助的，一个在学龄前得到过充分运动的孩子，到小学时的认知能力、记忆能力和注意力都会发展得更好。

所以有针对性地多让孩子参加体育活动，也是非常有效的提高孩子注意力的方法。不妨试试跟孩子进行下面两个活动：

羽毛球 / 乒乓球障碍赛

孩子手里拿一个羽毛球拍，上面放好羽毛球，然后沿着事先设计的路线拿着羽毛球行走。路上会有各种障碍，比如有人在旁边发出声响，或者路上突然出现障碍物，看孩子能否专心捧着球拍，顺利达到终点，羽毛球也不掉下来。如果要加大难度，就可以将羽毛球换成乒乓球，更紧张刺激。

踩线走

在家里地板上贴好有颜色的贴纸，让孩子沿着贴纸走，或者沿着地板的骑缝线来回走。注意双脚一定要踩在线上，保持身体的平衡，不要走出线外。3岁以上的小朋友还可以加入假装游戏，比如让孩子去扮玩偶。年龄小的宝宝不需要那么复杂，只是踩线走就好了。可以播放 1 ~ 3 分钟的轻音乐，看看孩子一次能走多长时间，再一点点延长时间。

此外，注意力小游戏也一样可以发挥作用。一是走迷宫。根据不同的年龄段选择适合的迷宫让孩子做，可以帮助孩子集中精力思考路线图。关键是要选择适合的教材，并且针对孩子的能力慢慢提高难度。二是找不同。准备两张找不同的图，让孩子试着找不同，或者是给孩子一些线索，让孩子帮助你找东西等。

> 玩这类注意力活动和游戏的时候，我们不需要预设孩子必须十项全能，但要思考所选择的活动对孩子的年龄段来说是不是合适。

举个例子，一个 10 个月大的宝宝适合通过爬来激发好奇心，捕捉焦点，但不适合通过玩精细手工的游戏，比如折纸等来锻炼孩子注意力。很显然孩子的肌肉力量不足，无法支撑孩子进行过于精细的活动，而肌肉力量不足，孩子自然会不由自主地出现异动和东倒西歪，如果硬要给孩子玩精细手工来训练注意力，很显然结果一定是失败。

◆ 及时肯定和鼓励

在培养注意力的过程中，不管孩子能坚持多长时间，都要及时表达出肯定和鼓励。比如针对行为来鼓励："弟弟，你发现了一只小花猫，你观察得真仔细。"比如针对进步来鼓励："弟弟，你比昨天看多了 3 页，我们快看完这本书了。"

这个方式可以鼓励孩子持续参与，如果孩子这次不愿意，其实也不需要强迫，这个时候可以告诉孩子："你今天不想读书啊，那我们等下再试试。"而发现孩子愿意参与的时候，就可以结合事实来鼓励孩子："你昨天不想读书，今天你看得很仔细，你的进步真大。"

在 Eric 3 岁的时候，他有一个很明显的转变，虽然他在很多方面还是好动，但是在阅读的时候，他也天天拿着书来找我："妈妈，我想看这本书。"每次时间不长，但他会频繁地去读，并且下意识地去做，这便是孩子最早期的注意力学习路径。

我当然明白，一个成功的人，一定是具备良好注意力的人。因为在人生披荆斩棘的过程中，需要我们具有判断方向的能力、探索答案的能力，甚至具备旁征博引的能力。但我们想提高孩子的注意力，并不是让孩子不管何时何地，都保持高度集中，而是让孩子在想高度集中的时候，他能够轻易切换，从容调整，让自己沉浸在思考之中。

学龄前想要提升孩子的注意力，一定是在细水长流的亲子游戏里去实现的。我们不需要因为孩子的表现看起来好动就忐忑不安，但我们应该清晰自己能做什么，孩子想做什么，自己能够帮助孩子做到什么，最终让孩子具备这份受益一生的注意力。

扫旁边的二维码，发送文字消息"教养力第六章"，可以获得有效提高孩子注意力的练习册、迷宫、找不同等资源下载，掌握在家提升孩子注意力的策略。

Chapter 7

如何柔和化解孩子的分离焦虑

法则7

情绪是连接压力和动力的唯一桥梁，当孩子感到压力和不安的时候，我们应该首先照顾好孩子的情绪，给他力量，再着手进行减压。

从全职妈妈回归职场的时候，我有段时间每天上班前孩子都抱着我，像树袋熊一样挂在我身上不下来，不想让我走。我心里怎么会不难受呢？但还要装得很淡定地和孩子说再见："我去上班了，晚上会回来陪你的。"我在楼下不敢离开，偷偷打电话给家人问孩子怎么样了。孩子奶奶告诉我，哭了几分钟就不哭了，现在玩得正欢。晚上我回到家，孩子像没事人一样，好像白天的哭闹根本没发生过。

面对孩子号啕大哭的时候，我内心肯定是难过的。我也想过自己那么坚定地回归职场，是不是对孩子不好，我是不是一个不够称职的妈妈。后来我逐渐明白，孩子抱着我不让走，这也是亲子依恋关系的表现形式之一。这些哭闹和接受的表现都是孩子安全感的反映，都是对我的依恋，对安全的家庭环境和对照顾他的奶奶的依恋。这种分离焦虑是孩子必须经历的成长的一大步。

被误解的安全感

宝宝出生以后，生理上的最大需求是吃饱喝足，拉撒睡有人照顾，心理上的最大需求就是得到关爱。而关爱中，最重要的是妈妈的爱。用研究依恋理论的英国心理学家约翰·鲍尔比（John Bowlby）的话说就是，依恋的生物功能是生存，心理功能是获得安全感。

简而言之，宝宝的安全感是跟主要养育人（一般是妈妈）建立安全的依恋关系，这个关系从出生时就开始建立，约两三岁时趋于稳定。

> 依恋理论的支持者认为，儿童早期形成的依恋模式对人的一生都有影响，有助于形成一个积极的自我。

因此，分离焦虑（Separation Anxiety）实质上是指在低幼期孩子与亲密的照料者之间（大多数家庭里照料者是妈妈）建立安全依恋关系后出现的正常心理过渡现象。孩子害怕和主要照顾者分离或者落单，从而表现出恐惧和戒备反应。分离焦虑起源于孩子 6 ~ 8 个月时，高峰期会在孩子 14 ~ 18 个月时，之后的频率和强度会逐渐下降。孩子会对妈妈的离开感到焦虑，正是因为已经与妈妈有了一种安全依恋关系。

处在安全依恋中的孩子，会在妈妈的陪伴中感到很愉快，如果感觉到压力的时候，也希望得到妈妈的安慰；如果妈妈离开，就会感到不安和焦虑。分离焦虑跟父母离开多久多远关系不大，而跟孩子的心理发育日趋成熟有关，这种状态会在宝宝两三岁时趋于稳定。综合来说，孩子的分离焦虑有以下的阶段性规律：

0 ~ 2 个月

离不开妈妈这样的心理需求表现不是很明显，还未满月的宝宝其实不怎么挑剔谁抱，甚至不怎么会求抱，毕竟生理需要才是第一位。

2 ~ 7 个月

他们对照顾者的依恋正在形成。2 个月或者百天之后，宝宝就会开始“认人”，开始有目的地哭闹，抱起来笑逐颜开，放床上哭声震天，而且我们会慢慢发现，日常照料者的安慰对宝宝来说更有效。

7～9个月

宝宝开始和亲密的照料者建立起最初的真正依恋，开始明确亲密者和其他人的区别——“虽然世上的人那么多，但我只要你”；分离焦虑的体现是，看到妈妈在身后就能玩耍，妈妈去厕所了就会焦虑不安，停止玩耍。

9～18个月

宝宝的分离焦虑又慢慢从针对一个人到针对少数几个日常照料者，有的宝宝会有5个甚至更多的依恋对象。

两岁以后

随着孩子智力的发展，他的世界终于不是只有妈妈了，他开始跟同龄的小伙伴有交集，伙伴的影响开始初露端倪，孩子会在同小伙伴的相处过程中也逐渐理解自己同父母的关系，分离焦虑的现象就渐渐放缓了。

◆ 安全依恋和不安全依恋

处在分离焦虑状态下的孩子，大部分会有明显的惊慌失措、沮丧、焦躁的情绪，也会让照顾者——不管是准备要离开的父母，还是要接手照顾孩子的照料者——遇到非常大的挑战。

> 我们判断孩子的状态不要只盯着某个特定的场景，比如只看哭闹的瞬间。

我们可以一起来看看以下3个问题，整体判断孩子的分离焦虑表现是否正常、可控。

• 你在孩子身边时，孩子能否愉快地玩耍？

• 你离开时孩子可能会哭泣闹腾，但是真离开后，孩子能否在别人的帮助下调节自己的状态？或者你离开的时候，孩子也一样镇定自若地跟你说再见？

• 等你回来的时候，孩子看到你是否开心，是否主动自然地接触你？

如果以上三点你的答案是“是”，或者“大多是”，那么恭喜你，你们的依恋类型就是安全依恋，宝宝还是很有安全感的，分离焦虑对你的家庭来说，基本没有什么负面影响。这 3 个问题的理论支持主要来源于美国发展心理学家玛丽·安斯沃斯（Mary Ainsworth）设计的“陌生环境实验”，用来评估妈妈和孩子之间的依恋类型，即观察孩子同妈妈在一起、同陌生人在一起、一个人待着、同妈妈重聚等不同场景下的反应。

依恋的类型

类型	陌生环境中的行为
安全依恋	儿童寻求接近母亲；母亲离开后不安；重聚时积极迎接母亲
不安全依恋：回避型	儿童躲避与母亲的接触，尤其是分离后重聚时；和陌生人在一起时不是很不安
不安全依恋：矛盾型	与母亲分离时很不安；母亲回来后不容易安抚，既寻求安慰又抵制安慰
不安全依恋：混乱型	儿童没有显示出应对压力的一致性方法；对母亲显示出矛盾的行为，如在躲避后又寻求接近，表现出对关系的不解和害怕

从中可以看出，好的依恋关系表现包括父母在孩子身边时，孩子能够愉快地玩耍，比如喜欢跟你亲近，要求吃奶、要求拥抱的腻歪都算，或者即便有陌生人在，孩子也能比较自然地参与进去。此外，孩子对环境也存在信任感。即便分离时会哭闹，但借助妥善沟通，孩子能感受到妈妈对交接过程和环境的信

任，因此调整自己的状态来适应变化。比如我开头提到的，我离开后孩子能够在奶奶的安抚下平静下来，继续自己玩，这是一个安全的表现。

此外，当我们判断亲子依恋关系是否正常的时候，团聚时孩子的表现也是一个关键因素。当你风尘仆仆回家后，孩子对重逢表现得很开心，可能会抱紧或者抓住你一会儿，有些还会带上甜言蜜语，比如我家孩子最喜欢抱着我说："妈妈，我最爱你了！"那么不管孩子说多少遍，都要全部收下，这是孩子用实际行动来证明他喜欢跟你相处，你们的关系也是稳定的。

需要注意的是，有的孩子看起来特别独立，从会爬开始就在不断地到处探索，能走能跑了更是恨不得天天去外面玩，在还不会说话的时候就知道指指门表示要"出去"，这些行为不免让人有点儿挫败。我也收到读者朋友在公众号后台的留言："这孩子除了吃奶找妈妈，玩起来啥都忘了，跟我在一起的时候也不会特别黏着妈妈，难道从我这里得到的安全感不够吗？"

答案当然是否定的。安斯沃斯的陌生情景实验还得出了一个结论，这种情况的孩子是把妈妈当作"安全基地"。有妈妈在场的时候，他可以放心大胆地尽情探索。你可以观察玩得不亦乐乎的孩子，虽然看起来他好像沉浸在自己的世界里，但时不时地，他会抬头看你在不在，然后继续投入热火朝天的玩耍中。因为妈妈就在身边，他从"安全基地"中汲取了力量，所以才会继续安心地玩耍。

亲子关系亮红灯的信号

基于安斯沃斯的研究我们可以看出，不安全的依恋关系包括回避型、矛盾型，以及混乱型关系。

举个例子，之前萌芽社群就有妈妈分享过自己的例子，孩子爸爸好不容易出差回家了，孩子却出现非常明显的抗拒，不仅不开心，一开始还用脚踢爸爸，嚷着：“爸爸走，爸爸走！”但爸爸真的走了之后，孩子又号啕大哭起来，明显是舍不得爸爸离开。

这个表现看起来让人头疼，爸爸可能下意识地认为孩子任性、不懂事。但是从依恋关系的状态来看，孩子有这样的表现，恰恰是因为孩子和爸爸处在不安全依恋关系里。

> 在分离和重逢阶段，如果你注意到孩子会有不同程度的逃避（不愿意接触照顾者）、抗拒（反抗照顾者的亲密举动）、焦躁（不知道如何和照顾者单独相处）等状况，这就是亲子关系亮红灯的信号了。

此外，如果你发现孩子在你离开后，哭泣的程度持续超过 1 个小时，或者孩子虽然表面上接受分离事实，但孩子很长一段时间都处在“混乱期”，比如一两个月里总是做噩梦、持续哭闹等。那么，这里也有可能是因为分离时用的道别方法不得当，采用了我们提到的消极应对方式（不打招呼、粗暴解释、不关注情绪等），又或者是孩子对交接环境比较敏感（环境不适、氛围不妥、孩子天性敏感等），都需要我们一一去排查。

若没有过渡好，或者父母的举措不合理，比如严厉批评，质疑孩子，和别人家的孩子比较等，都会在很大程度上加剧这种分离焦虑。有些孩子因为家长的责备也许会做出改变，看起来好像没有分离焦虑了，但其实一样存在隐患，这就有可能演变为儿童和青少年期的分离焦虑症（Separation Anxiety Disorder）。

同理心是“我懂你的不容易”

我们要帮助孩子过渡好分离焦虑，便是充分做到真正的依恋。这里包含了同理心的沟通过程，我们可以通过沟通，向孩子表达最深层次的“我懂你”。

> 在建立安全感的过程中，我们需要一点儿想象力，站在孩子的立场去体会他们的情境，这便是同理心的深层含义：我懂你的不容易。

具体来说，怎样才能保证孩子在分离焦虑过程中保持正常、自然且较快地过渡呢？

◆ 第一步，从小建立宝宝的安全感

首先是维系主要照顾者和婴儿的安全感关系。和孩子的目光交流、说话、对孩子哭闹的回应，以及对需求的满足等，这些都有助于建立安全感，让宝宝意识到自己被照顾着，不舒服时会有人回应和安抚。愿意花时间去陪伴孩子、和孩子一起玩的父母才能在真正面临分离和挑战的时候，让孩子对父母所给予的信号有足够的信任。

其次得建立婴儿和不同人群的安全感关系。即便婴儿还小，比如三四个月，都可以让婴儿多接触不同的人群，比如爷爷奶奶、亲戚朋友，还有邻居家庭。打招呼的时候也需要注意策略，比如妈妈试着先和他人打招呼，再拉起宝宝的手向别人问好，这样无形中孩子对打招呼这件事就不那么抗拒，也会比较容易接受陌生人的靠近。

让孩子和陌生人见面的时候，父母切记交流的方式要得当。哪怕对于父母来说是非常熟悉的朋友和亲戚，但对于婴儿来说也同样是陌生人，因此父母要做的是不要勉强宝宝和陌生人亲近。这里的亲近包括肢体接触，甚至独处。如果对方想要摸摸宝宝，甚至抱抱宝宝，也需要在观察宝宝允许的前提下进行，切忌允许陌生人突然抱走宝宝，甚至让他们独处，这样会加剧宝宝的戒备和紧张心理，留下难以释怀的不安全感。

◆ 第二步，建立安全的分离和重逢过程

哪怕孩子还只是小婴儿，父母也应该避免趁孩子专心做其他事情时偷偷溜出去，或者随口说会马上回来，结果出门一整天。我们应该先收拾好自己的心情，先和孩子提前预演，可以在起床后（因为婴儿记忆时间不长）告诉孩子等吃完早饭父母要出去多久，等到要出门前再重复一次，不能把负面情绪带给孩子，也不能把舍不得的心情表现出来，要坦然，安定孩子的情绪，并且给予他信心，父母会在约定时间内回来。

> 遵守约定的时间，以及表情自然平静，这对孩子来说是非常重要的，是建立彼此信任感的重要方式。

千万不要因为小失误而破坏了宝宝对父母的信任，否则对于婴幼儿来说，分离焦虑的情形只会越来越严重。而在跟孩子做较长时间的分离之前，如果父母可以在家里和孩子预演，比如从分离几分钟，到十几分钟，到几小时，这样会让孩子熟悉这个模式和步骤，那么对于接下来真正的分离，就能一定程度地减轻分离焦虑。

实践工具箱

有效帮助孩子踏出一步

1. 设计“分别和重逢”专属暗号：可以在离开的时候有个特定的动作，回来的时候给孩子一个特定的仪式，让孩子知道“当妈妈摸我额头的时候就是要出门，等她回来她会抱抱我”，或者是可以拿他喜爱的玩偶，递给他，告诉他：“玩偶先在家陪你，妈妈等外面天黑了就回来。”

2. 平时多做互动练习：可以结合玩偶、绘本、角色扮演或者故事剧场的形式，让孩子理解不同情境下的感受，比如从简单的互动开始，拿孩子熟悉的玩偶扮演陌生人，练习打招呼和互动，或者是借着讲故事、看绘本的时候，以书中人物的互动为例，提醒孩子下次见到陌生人可以怎么做，并且在语言中带入正面的印象和情绪，比如“猫咪很高兴地和人握手，小象很开心地说你好”之类的对话。在陌生的环境可以随身带上宝宝的玩具，让宝宝用小布偶来打招呼，也是一种很好的方法。

3. 提高语言、情感上的认同：在提升孩子对分离焦虑的认识时，一定要注意引导孩子明白分离焦虑是正常的，而爸爸妈妈一定会回来。我家两个孩子也经历过分离焦虑，当时我家弟弟面对哥哥要去幼儿园，爸爸妈妈要上班，他送别我们时，我们是这样说的：

“弟弟很舍不得哥哥、爸爸妈妈都离开，为什么大家都走了，只留下弟弟和奶奶在家里呢？弟弟想不明白所以很伤心。其实每个孩子到了 3 岁都要上幼儿园，弟弟现在是两岁，等弟弟再长大一点点，就可以和哥哥一起去上学了。”（记得语气要自然，关键是先定义孩子的情绪，再加入事实描述。）

“弟弟，我们要和你说再见了。你今天会在家里和奶奶做好多的事情呢，比如玩你最喜欢的赛车轨道，还有和奶奶去楼下滑滑梯，你还想玩什么呢？都可以好好规划哦。弟弟想念我们，我们也一样想念弟弟。弟弟，我们下午就回家了，虽然我们外出了但一定会回家的，下午见啊。”（记得语气同样要自然，可以带点儿微笑和期待，关键是描述弟弟可预测的环境，以及表达情感联结，最后是承诺一定会回来。）

◆ 第三步：给孩子温暖而坚定的支持

处在分离焦虑的孩子特别黏人，但如果孩子们要我抱，我还是会毫不犹豫地拥抱他们，我甚至试过一边抱着分离焦虑的 1 岁孩子一边单手炒菜。如果出门在外我也比较累了，我就找个地方坐下来，静静地抱着孩子，等他心情平复了再放回推车继续走。处在分离焦虑的孩子，当他提出安抚需要的时候，一般都是在渴望“充电”，以及在探寻“妈妈是不是真的还爱我，愿不愿意给我无条件的支持”。

实际上分离焦虑是短暂的，每个孩子都能顺利过渡。越是给予孩子温暖而坚定的支持，孩子的过渡越是短暂和平缓，如果犹豫不决，会适得其反。事实上这些满足并不会培养出专横骄纵的孩子，因为这也跟孩子“爱的荷包”比较满有关，自己不匮乏，自然不吝赠予别人。

我们也同样需要缓解自己的焦虑。我当年曾经想过很多问题，是不是自己做得不够好，没有给孩子足够的机会去认识更多的人，才导致孩子分离焦虑时这么黏我。但实际上当孩子开始走向独立、不再依赖我的时候，我又会有更多的失落。

> 分离焦虑是孩子自己的事情，他要学着成长，学着渡过难关，在得到父母支持的前提下，他们其实非常乐意快点长大，甚至往往比我们想象中成长得更快。

所以，用平常心去看待分离焦虑这个阶段。当我们意识到父母的爱是孩子的加油站时，我们会更有信心陪孩子渡过这一段他人生必经的挑战。加满油的孩子，在富足地获得了父母的关爱和疼惜之后，会慢慢地在信任和安全感中成长，并且获得独立。我们能做的是支持与陪伴，当孩子的独立宣言猝不及防地袭来时，我们一定会一面欣慰，一面落泪。

孩子怕上幼儿园并非都因分离焦虑

虽然说 2 ~ 3 岁孩子的分离焦虑会逐渐趋于平缓，但是 3 岁后的变化又经常给我们带来新的挑战，那就是孩子的入园焦虑。比如每天送 3 岁的孩子上学校，内心深处都无比煎熬，每次孩子哭着说："我想妈妈，不想去上学。"听起来都让人内心纠结、难受。好不容易积累的安全感又没有了吗？上幼儿园的孩子看起来很没有安全感这件事情，让人畏惧和煎熬，这种心情我也有过，但仔细去想会发现，孩子所经历的压力远比我们想象中复杂。

我们的孩子并不像表面看起来那般无忧无虑。在婴儿时期，睡眠不足和饥饿会让他们感到压力；大一点儿了，适应新环境又会让孩子感到害怕，平时在家里，有时候家人的负面情绪，孩子也会接收进去，虽然孩子自己也搞不清楚这些压力是从哪里来的。

压力其实每个人都有，成人也不例外。工作有一个项目要到截止日期了，要考职称了，或者每天都想着要快点儿完成工作专心陪孩子。但是成人可以做到自我调整，能够把压力转化为动力；如果真的感觉到压力超载，我们也会找一些减压的办法，比如跑步、游泳、看电影等活动来让降低压力值。

在面对压力时，孩子虽然有着同样的压力反应机制，但因为自我控制和经验不足，很难像成人那般做到自我调整，化压力为动力。大多数时候，我们感觉不到孩子正处在有压力的状态，我们能够感受到的，更多的是孩子表现出来的情绪："感觉到不安""对周围的事物失去兴趣""很警惕"……这些描述其实都是孩子内心压力指数的镜子。

入园过渡期所带来的压力有时也会超出孩子能疏导的范围。当孩子压力超载的时候，本能反应就是"求助"，但孩子没有办法清楚地告诉身边的人自己感受到的这份压力。

所以孩子会哭、会崩溃、会用本能来"缠"着妈妈，不想上学、害怕分离，拼命地告诉妈妈自己有多么地想她。

入园焦虑对很多孩子来说，也是暂时的表现，但如果开学半年还无法适应新环境，或者行为出现持续反常的孩子，这表明孩子的抗压和应急机制在这个阶段逐渐失灵，孩子还是没有找到足够的压力应对方案，不懂得如何缓解压力。

关注情绪，及时消灭安全感的"火"

因为情绪是连接压力和动力的唯一桥梁，所以在孩子感到压力和不安的时候，我们应该首先照顾好孩子的情绪，再着手进行减压。

> 压力通过影响孩子的情绪而阻断了孩子习得动力的通道。应对压力，需要足够的专注力和行动力，可当孩子处在情绪的困境中时，这部分的专注力也会被夺走。

所以，只有我们先把孩子不安、紧张和烦躁的情绪调整到一个平和、冷静的状态，他们才能够保持足够的专注力去应对压力。

这个及时救火的措施，可以是肢体上的安抚，最简单的方式如拥抱孩子、拉着孩子的手等，让孩子更有安全感；也可以带着孩子做一遍深呼吸，慢慢调整自己的呼吸节奏，让孩子感觉到自己的情绪是在可控范围内，是在一步一步消化的。在照顾孩子的情绪过程中，一定要给予孩子足够的时间。

开学季，我家 3 岁的 Eric 同样也有入园焦虑，每次送他到教室门口，他都会拉着我的手，舍不得我走，希望我可以陪着他。我会在分别前，花一点儿时间和孩子拥抱一会儿、沟通一会儿、带孩子看一下周围的环境；即便最后我们还是会离开，这些细节也可以帮助孩子舒缓情绪。有时候，不急才是最有效的情绪安抚策略。让孩子感觉到自己的不安和哭泣，爸爸妈妈都看在眼里，这时，孩子也可以感受到平静的力量。

也有一些孩子看起来入园期间没有什么太大的问题，但一回到家就又耍赖又哭闹，我的建议是，一定要反复地告诉孩子："妈妈也爱你。""妈妈也想你。"正面回应孩子内心焦虑不安的想念，让孩子明白，不管分开了多长时间，这份思念和爱意都一样在彼此的心间，这个做法可以有效化解孩子内心的压力。

给孩子的压力盒子减压法

在情绪调整结束后，我们就可以着手处理压力问题了。现实中，这一步当然不容易。但不管孩子的压力是什么，我们都可以陪着孩子，把问题和处理的过程"可视化"，一起把下面 3 个步骤做起来：

◆ 做真实评估

有时候，我们的孩子可能被未知的恐惧、突然的分离等状况吓到了，但实际上问题并没有他们想的那么严重，所以帮助孩子们真实地理解他们所面临的状况，对于缓解压力很有帮助。

对于入园焦虑，我们可以帮助孩子制订日程表来了解一天的安排。可以尝试向孩子介绍幼儿园一天的作息，让孩子知道幼儿园每天会有什么不一样的活动，这些预见性和可期待性，都会增强孩子对新环境的好奇心和适应力。

针对孩子的分离焦虑，一定要和孩子约定好接送时间。像我家孩子的幼儿园每天都会准时放学，如果家长来晚了，孩子就会跟老师坐在门口板凳上等家长，这个体验对孩子来说一点儿都不好。所以当我们和孩子约定接送的时间时，最好不要失约。想想每次孩子看到我们准时到达时脸上的笑容，真的能让我们的心都融化了。

在帮助孩子理解真实状况时，我们也要注意一些用词的微妙之处。比如，给孩子描述情况时，要尽量做到公平公正，不要为了让孩子减少恐惧而把事情讲得过分轻松，这样可能会起到反作用。举个最简单的例子，如果下午我们确实没有办法接送孩子，需要换成其他人，那么可以提前告诉孩子，哪怕告知的当下孩子伤心哭泣，但也需要向孩子坦白，并且接纳孩子的这份难过。

> 对于孩子来说，我们的每一次真实和坦诚，都可以变成孩子内心最坚定的“信任”。只有毫无保留，才能让孩子明白，原来不管发生什么事情，爸爸妈妈始终不会骗我。

◆ 将压力拆解

我们可以给孩子准备好一个“压力盒”，这是一个帮助孩子缓解长期压力的好办法。“压力盒”是什么呢？准备起来很简单，我们可以找一个透明可密封的盒子，比如保鲜盒。当孩子觉得难受的时候，可以和他一起打开这个盒子，说出他们无法忍受的事情，把这些事情装进盒子里。如果你发现孩子的入园分离焦虑持续超过 30 天了，那就不妨试一下“压力盒”。

记得要选择透明的盒子，在心理学上这是一种心理暗示的作用：压力是可以看到的，可以掌握的。这个过程可以帮助孩子明白，原来我们可以看见压力、拆解压力，一步一步地面对它。我们还可以引导孩子想想自己在幼儿园里期待的事情，一件一件地列出来。然后运用“阶梯”的图示，把长期目标变成一系列的短期目标。比如当时我跟孩子设计的阶梯是这样的：

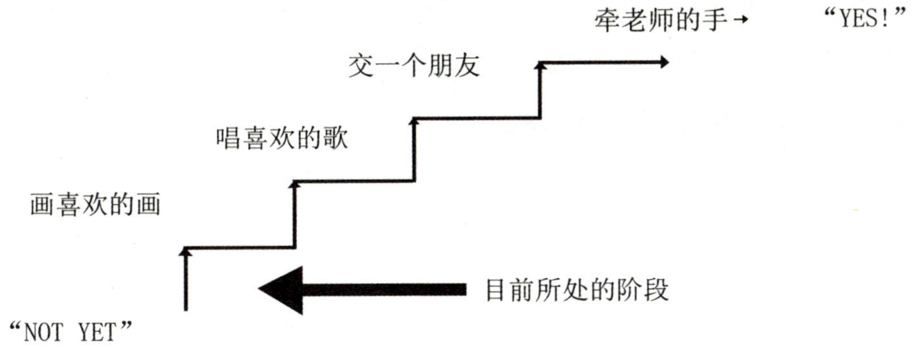

每当孩子完成一个小目标，就可以移动一下箭头。箭头可以用便利贴代替。当我们把整座山都“爬完”的时候，就知道我们的目标已经达成了。学龄前的孩子学会拆解目标是很重要的，我们可以通过这个方法让孩子明白，碰到一些问题的时候，我们不仅可以解决它，还可以分步骤、减难度地去完成。

配合这个图示，我也会告诉孩子：“没关系，我们可以一步一步慢慢走。”鼓励孩子先走出第一步，迈出第一个台阶很重要。行动的过程就是寻找机会的开始。即便入园焦虑对于孩子来说有很多不知所措的因素，一旦孩子有了计划，那么这些不确定因素就会被确定下来，孩子也会感觉轻松不少。

◆ 我们会分离，也会相聚

可视化的过程，不仅仅适用于处理有压力的当下，每一天我们都可以利用亲子时光，帮助孩子巩固这份抗压的勇气。

我们可以通过画图的方式，和孩子一起梳理幼儿园一天所发生的事情，如果老师及时发送了幼儿园的照片或者视频，也可以跟孩子一起回放。

这么做可以帮助孩子清楚自己每天在幼儿园里所期待的事，并且形成一个连接，原来幼儿园的生活也可以变成“和妈妈之间的话题”。这也是传递思念的好机会。当我们和孩子一起回忆一天所发生的事情时，也别忘了告诉孩子，妈妈的想念、牵挂和关注一直都在。因为我自己是职场妈妈，所以也会跟孩子们讲讲职场中发生的事情。我在工作中高效投入，也在亲子时光里专注陪伴，我们会有分离的时刻，但也会相聚。

在分离焦虑、入园焦虑这些事情上，我一直希望孩子既能学会独立，也能懂得互相牵挂的意义。帮助孩子找到确定的目标、学习的动力，让孩子期待幼儿园里的好朋友和喜欢的老师，都会让孩子重新爱上幼儿园。与此同时，我们也可以让孩子明白，他们在幼儿园的生活，所做的努力，我们看得见，即便我们没有在一起，但彼此都互相牵挂着，这就是缓解焦虑最重要的事。

Chapter 8

如何培养孩子的社交能力

法则8

孩子的社交能力是层层递进、厚积薄发的过程。眼神交流、对话反馈、轮流游戏、社区活动、破冰游戏，这些互相衔接的活动会让孩子更受欢迎，更好地融入环境。

随着孩子越来越大，无论是我自己，还是周围的家长，对孩子的关注点都明显产生变化，我们开始关心孩子在幼儿园里有没有结交朋友，跟其他小朋友相处的状态好不好，孩子不主动跟人交往怎么办……我们对孩子社交能力的关注，成了养育的核心话题之一。

举个例子，我一个朋友的女儿两岁半，当朋友带她出门的时候，最头痛的应该是孩子到处送人礼物的行为了。比如今天手里拿了一根香蕉，刚结交了一个新朋友，就直接把香蕉递过去说："姐姐——吃——"哪怕对方摇头拒绝，孩子也会坚持把香蕉送给对方。

在这个例子里，我们如何看待孩子的行为呢？孩子认为自己想吃的香蕉，别的小朋友也一定会想吃，实际上这是自我中心的表现。但是自发将食物分给别人的过程，则代表了孩子的同理心，这同样也是孩子理解他人的表现。无论是自我中心，还是理解他人，都是孩子社交能力的一部分。

教孩子学会思考自己和他人

我们在讨论孩子社会能力时，离不开 3 个重要维度：思考自己、思考别人和理解冲突。

思考自己是孩子的自我觉察力。自我意识的发展改变了孩子的社会互动方式，它让孩子从心理上意识到自己的社会角色。

思考别人是我们理解他人思想的能力，它是设身处地的基础，决定了我们对他人的了解程度。如果缺少了这个能力，我们很难真正维系好一段关系，也没有办法将心比心地去理解对方。

而理解冲突是我们在生活中建立人际关系的必备技能，有效协商的过程可以帮助我们学习认可、尊重人与人之间的差异性。

在丹尼尔·戈尔曼（Daniel Goleman）的研究中，孩子在 4 岁左右会基本具备这些社会意识，这个时候孩子的同理心能力也基本达到了成人的水平，孩子开始明白现实和自己理想的差距，发现原来自己跟他人是不同的个体，别人可能跟自己的想法不同，别人也可能从其他角度去看待问题。我们先来看看孩子社会能力的发展状况是怎样的。

3岁儿童
1. 孩子正在学习如何与其他人轮流玩东西，你也许需要教孩子与其他人轮流玩，并用计时器计算轮流的时间限制。
2. 孩子需要学会分享。在几个孩子一起玩，而只有一样玩具时，他们需要学会分享。你可以说："薇薇，在你玩完小卡车后，请你把它交给玲玲，她想玩玩你这部卡车。"在你3岁大的孩子学习如何分享自己的玩具时，也容许他拥有几个特别的玩具不与任何人分享；你可以在其他孩子到来前把这些玩具收好。
3. 让孩子仍可以自己玩。千万不要强迫孩子与其他人一起玩，你可以让他在其他小孩旁边玩。
4岁儿童
1. 孩子似乎有较强的欲望与其他孩子一起玩。孩子也许老是会到邻居朋友家玩，或邀请朋友到自己家玩。
2.想象力丰富。孩子往往创造一些想象的玩伴，可能是人或动物。这类想象的玩伴有时可能是孩子意识的一部分，你可以以扮演的方式与孩子想象的玩伴一起玩。
3.孩子比较坚定并且自我信赖渐强。他们趋向于跋扈，也似乎比较有自信。但千万别被愚弄而以为自己4岁的孩子比他实际年龄更成熟。

（续表）

5岁儿童
1. 孩子开始变得比较稳定，比较严肃，比较平衡稳定。
2. 孩子开始发展出对自己家人正面积极的感觉。
3. 孩子合作的能力也开始发展。

引自狄克·梅尔（Don Dinkmeyer）& 盖里·麦凯（Gary Mckay）所著的《阿德勒心理学的幼儿教养课》

不同年龄段孩子的人际交往策略

如果我们希望孩子有更好的人际交往能力，或者能更积极融入新环境，其实有一些方法从孩子很小的时候就可以用，这些方法可以有效、积极地帮助孩子。我来总结一下不同阶段中家长需要注意的重点和引导策略。

◆ 0 ～ 6 个月：重视眼神交流

人际交往离不开眼神的互动和交流，对于孩子来说，孩子认识社会环境的第一座桥梁是父母。所以当父母重视和孩子眼神交流的时候，其实你也传递给孩子一个很重要的信息：和孩子的沟通是有价值的，而孩子所传递的内容我也很用心地接收到。

除了父母和孩子的眼神交流之外，其实早在出生后的 3 个月里，宝宝就开始对其他婴儿感兴趣了，也会微笑和发出“啊啊”的声音等来表示欢迎，这些都是孩子的交流方式。所以这个时候让孩子多看看其他同月龄的小朋友，和他们相处或者照镜子看看自己等，这都是早期可以帮助孩子的好方法。

◆ 7 ～ 12 个月：重视对话反馈

重视对话反馈，包括增加与孩子对话的人数，并提高有效的对话方式。“增加与孩子对话的人数”，指的是多给孩子和其他人近距离接触的机会，这里包括了成人和其他年龄段的孩子。不管是别人来家里做客，还是去和其他小朋友玩，这都是很好的社交时机。

那什么是“有效的对话方式”呢？

一是它需要时刻关注孩子的需求，比如当你发现孩子情绪低落的时候，第一句话应该是响应孩子的情绪状况，告诉孩子：“我看到你哭了。”而不是：“怎么了，不哭不哭，我的宝宝。”后者是常见的消极回应。

二是重视反馈机制。有一个很典型的场景——换尿布的场景。换尿布的时候，大家会怎么跟孩子说话呢？其实比较好的方式是这样的：如果在换尿布之前你需要先去洗手，或者去隔壁柜子里拿一块尿布，你要记得说这句话：“在换尿布之前，妈妈会先去洗手，宝宝你在床上等等我。”记得一定要等待，并且观察孩子的回应，别忘了及时补充和描述孩子的反应：“宝宝，你在等我呢。是的，妈妈先去洗手，你稍等我两分钟就好了。”这里的每一句话都是帮助孩子建立语言的互动和一致性，这也是孩子很需要的学习社交的过程。

◆ 13 ～ 18 个月：多玩轮流游戏

孩子在与人交往时获得持续的眼神交流、丰富的对话反馈，这是前面两个阶段的重点，到这个阶段还是要持续做，不是说过了 6 个月，眼神交流就不重要了。孩子 1 岁后，父母还要鼓励孩子多玩轮流游戏。

玩具是孩子的人际交往中很好的媒介。孩子即便不知道什么是社交活动，也知道原来我们可以一起玩玩具。所以在玩玩具的过程中，我们可以加强孩子的社交意识。一个好的社交行为是让彼此都舒服，“轮流游戏”便是一种体验和理解社交的好方式。最开始让孩子们玩轮流游戏的时候，我会尝试这么做：当我和孩子一起玩游戏的时候，我会在每一个步骤结束后跟 Joshua 说一句话：“现在轮到你了。”同时，为了更详细地描述“现在轮到你了”的意思，我也会配合手势，把玩具递给孩子。通过语言描述和肢体动作的强化，让孩子明白原来这是一个互相参与的过程。

此外，实况确认也同样帮助孩子提高参与意识。什么叫实况确认呢？就是当孩子和同伴都在玩沙子的时候，你可以描述他们在做的事情，比如，你可以说：“宝宝，你在挖沙子，你的朋友在把沙子装进桶里。”或者：“你们都在堆沙子。”这些都是很好的示范。

◆ 19 ~ 24 个月：接触社区活动

在孩子开始开展轮流游戏后，别忘了多给孩子和其他同龄孩子接触的机会。这个过程中，孩子可能会有不同的反应，比如谨慎、热情、冲动，也可能会有一些冲突，但这恰恰是培养孩子人际交往技能的好时机。

选择一些开放的户外场所，这是同龄孩子比较合适的地点，比如堆沙、球类活动等游戏都会降低孩子之间的冲突指数，也会让孩子以更轻松的方式去观察其他孩子的状态。

◆ 25 ~ 36 个月：多参加合作型游戏

良好的社交能力需要具备两个核心要素：

一是亲社会行为的习得，比如知道如何帮助其他人，能够感受到对方的情感，会尝试安慰对方，也对分享有概念。

二是孩子有意愿和其他人维持一段关系，比如孩子对其他小朋友好奇，对小朋友表现出喜欢等。这些也都是孩子社交能力的萌芽。

要做到这些，也需要鼓励孩子多参加合作型游戏。两岁时的合作型游戏还不能算是真正意义上的合作游戏，因为很多时候我们会发现，几个 2 ~ 3 岁的孩子凑在一起，结果一整天都是各玩各的，这是为什么呢？

在这个阶段，各玩各的是很正常的表现，孩子也需要经历这些才能迎来下一阶段，更自然地过渡到社交生活里。两岁后，孩子的游戏会从平行游戏过渡到联合游戏，再过渡到真正的合作游戏。比如两个人坐在一起时，他们会交换材料，但各自都专心地玩自己的游戏，并没有共同目标，这就是他们正在开展联合游戏的表现。联合游戏进行得越多，越能加速孩子合作游戏的发展。等孩子过渡到真正的合作型游戏里，我们就会看到孩子们之间有更复杂的分工与协作，有共同的目标进行角色分配等。

假装游戏在这个阶段很合适孩子们一起开展，以想象和创意为基础的团体活动会让孩子感受到，原来我们是可以一起玩的。比如，小朋友们一起玩卖水果的游戏，他们可以轮流做店主和顾客。这些游戏会让孩子在不知不觉中习惯和大家一起玩，而且发现一起玩很开心。

慢热谨慎的孩子需要助力

之前我在授课时，跟参加课程的朋友们分享过我家两个孩子结交新朋友的情景。在 Eric 3 岁、Joshua 4 岁时，有一次在儿童区遇到了一位外国小朋友，那个小朋友手里刚好拿着同款玩具车在玩。Eric 当下就非常兴奋，立即拿着自己的玩具车，跑过去邀请对方一起玩，各种表情、肢体语言丰富得不得了，不管对方是否理解，反正一点儿都不怯场。

哥哥 Joshua 则小心翼翼地牵着我的手，在一边观察好几分钟后才走过去，拿出口袋里的小汽车递给外国小朋友，也没有像弟弟那样自顾自地介绍，而是你一句我一句简短互动："这是我的玩具汽车，我们一起玩吧。"虽然两个孩子的方法和策略不一样，但他们俩最终都是跟这个小朋友建立了友谊，玩了一下午，分别时依依不舍。

当时分享完这个故事，很多学员感到疑惑："没想到哥哥也是一个谨慎的孩子。""我家闺女很慢热，更不主动交朋友。""我家孩子不管去参加什么活动，总是远远在旁边看着从不参与，可怎么办？"慢热、谨慎、内向，是我们关注度很高的话题，也是我们容易焦虑的地方。

我家 Joshua 属于天性比较敏感的孩子，他在进入新环境时，比 Eric 需要更长的适应时间。比如，他总会不由自主地观察周围的环境，碰到不熟悉、不习惯的人和事，也会抓住我的衣袖或者握紧我的手，乖乖在我旁边站着。（参考"导论"）

坦白说，我能理解孩子的感受。我在创业以来碰到了大量的新挑战，比如上电视台录制节目、做网络直播等，面对这些陌生的、不擅长的场合，我也会忐忑不安，在台上站也不是，坐也不是，两只手也不知道往哪里放……我知道，这种彷徨感是我在陌生环境下的真实感受。

对孩子来说也一样。我知道每一次 Joshua 抓住我的手不说话的时候，他内心也会不由自主地评估环境。他有一丝害怕，不知道自己能否适应新环境的变化；他有一丝忐忑，不知道如果遇到问题有没有人可以保护他……这些都是很正常的感受。

如果你的孩子也有这样的表现，那我们都需要记住这一点，这样的时刻，我们最不应该做的就是在孩子恐惧、害怕的伤口上撒盐。

最开始发现 Joshua 敏感退缩的情况，周围的人会不停地提醒我，一定要多鼓励孩子主动，不主动的话，只会越来越没胆量。但这种方式旨在急迫地把孩子推出去，强迫孩子去适应环境，反而会在孩子情感脆弱的当下，加重心理负担。

当孩子把一条绳子当成蛇，把一只大狗当成狼的时候，他自然而然会感到害怕。如果这时候我们回应他“这有什么好怕的”，对孩子来说，这就是不同频的对话，是拒绝倾听的回应，既没有办法帮助孩子缓解内心的恐惧，也很难让孩子感受到我们的鼓励。

那比较合适的做法有哪些呢？我们可以尝试从下面这两个角度来助力：

◆ 积累面对环境的勇气

如果孩子踌躇不前是因为对未知环境的害怕，那我们需要做的就是提前帮助孩子熟悉环境，讨论可能出现的不理想后果，并且告诉孩子可以怎么解决。这样做可以提高孩子对未知事情的心理预期，让孩子重新拥有对行动的掌控力。这个关键步骤可以称作“提前通知”。

不过要注意的是每个孩子害怕的东西都不太一样。比如我家 Joshua 当年害怕沙滩、海洋球池、拥挤的人群、声响分贝太高的场所；而弟弟 Eric 虽然看起来对什么都是无所畏惧，但是他对正儿八经的场合如面试场所、演出和比赛，很明显地会退缩和害羞。这些细节都需要根据情况来进一步细化。

因为 Joshua 对陌生、嘈杂的环境感到害怕，所以我在实际操作中就会加强对环境的提前体验，以及和孩子商量好预案。比如，假期要带孩子去海滩度假，但是不确定孩子对沙滩和海浪会不会害怕，那么最好在出发前就让孩子提前摸摸沙子，观察孩子对沙子的反应。我们可以向孩子描述沙子的质感，问问孩子：“你觉得在沙滩上光脚走路的感觉如何？”也要尊重孩子：“如果你不喜欢，我们也可以马上离开。”这些方法可以帮助孩子提前做好心理准备。

因为 Eric 害怕一些正式场合，所以我在平时就会多告知他一些活动流程的细节，并且模拟场景进行彩排，比如幼儿园面试、早教机构独立上课、托班 / 幼儿园入学仪式等。举个例子，如果孩子即将去幼儿园面试，不要假设孩子知道面试的全部流程，可以提前一周详细地描述给孩子听；最好和孩子一起体验整个流程，做相关的题目，看幼儿园的照片，提前在幼儿园的开放日参观……这些方法都可以为孩子正式面对环境时积累更多的勇气。

◆ 示范慢养的力量

当孩子产生自我怀疑、陷入踌躇不前的困境时，当然需要我们的帮助。真正为孩子提供心理支持的方法不是拼命推着孩子往前跑，也不是默默观察不管不顾，而是愿意在孩子的艰难时刻里了解他们的苦恼，通过亲身示范和尝试，让孩子一点点积累勇气。

我身边一个朋友的孩子对三角形建筑有莫名的恐惧感，只要发现建筑物的外形有三角形，就会不愿意进去。在孩子很小的时候，我朋友就发现了这个情况，所以每次孩子面对建筑物害怕时，她都会陪在孩子身边，静静地陪他，等到孩子能够面对了，再和孩子一起走进去。她告诉我，虽然好几次因为这份恐惧，孩子错过了预定好的演出、安排好的节目，但她还是会等着孩子做好准备，然后一起走进去。在她看来，孩子最终迈进去的那份勇气比什么都重要。

要在孩子忐忑时坚定地表达支持，不用担心跟别人不一样，做到这一点并不容易。这其实也是父母在向孩子示范慢养的力量：耕耘有很多种方式，每个孩子都有自己的花期。孩子可以走得不快，可以忐忑犹豫，但每一次都可以成为我们成长的机会。

我们不用介意跟孩子分享我们的糗事。世界上没有完美的父母，我们也不用成为孩子心中完美的父母。当我忐忑的时候，我会和孩子说："我上电视台演讲的时候，也是害怕得不行。你听，当我紧张害怕的时候，语速就会越来越快，但我知道有一种方式可以让我没那么紧张，那就是专注，专注在我想表达的内容上。当我努力留意自己想传递的内容、思想高度集中的时候，虽然我内心很害怕，但是外表上就看不出来了。"

通过不同角度的讨论，我们可以和孩子一起分析，从过去的经验中学到什么，总结下一步可以做什么。在这样的过程中，我们能给予孩子正面的回应是：害怕是人之常情，我们也能面对它。

提高孩子同龄人社交质量的 3 大方法

3 岁后大部分孩子都会进入幼儿园，这是一个新的环境，对孩子的社交能力的考验更明显。每年开学季，我都会收到很多妈妈咨询孩子在幼儿园的交友问题，她们发现孩子在上了幼儿园后，没有想象中那么容易融入环境，有的是对老师有畏惧心理，有的是不知道怎么跟周围的孩子交朋友。

对于孩子的情绪能力和社会能力的发展来说，同龄人的社交是非常重要的，这部分的能量是我们成人没有办法补给的。

> 学龄前，我们判断孩子社交能力有一个核心要点，就是孩子至少需要一个你来我往的同伴，只要孩子能够在一个朋友身上表现出有维持长时间友谊的能力，孩子后面的社交能力也会更好。

即便只有一个朋友的友谊，也可以帮助孩子避开一些被忽视、被拒绝的负面影响，哪怕只有一个好朋友，也可以让孩子感受到自己是值得喜欢的。

◆ 为孩子创造自我介绍的机会

我家孩子的幼儿园在开学之初有个环节是“WHO I AM（我是谁）”，老师会带孩子们花一个月的时间了解彼此。帮助孩子交朋友的活动有很多，比如各种游戏、手工等，让孩子们共同参与，核心就是鼓励孩子挖掘自己的长处和别人的长处，并且结交朋友。

当时 Joshua 的幼儿园里自我介绍的标准信息包括以下几点：

- 问好并说出名字（Hi, my name is ...）
- 来自哪个国家和地区（I come from & I live in ...）
- 年龄（I am ...）
- 我的家庭（There are ... people in my family. They are ...）
- 我的学校和班级（I am a student at ...）

我们也可以添加一些信息，增加对孩子爱好的了解，比如：

- 我喜欢的食物是（My favorite food is ...）
- 我的爱好是（My favorite thing is ...）

自我介绍的基本素材都差不多，关键还是如何组织语言。我们可以给孩子准备一些东西，比如假期的照片、自己喜欢的东西、想要分享的物件。等到开学时，让孩子带上照片和想要分享的主题，一起进行自我介绍，这对于刚进幼儿园的小朋友来说，也是一个很大的鼓励之举，不仅可以降低自我介绍的门槛，也可以提高孩子的演讲和展示能力。

◆“5S”破冰技巧

新学期开始，老师也介绍了帮助孩子融入环境的破冰方法，其中包括一个基本的“5S”礼仪引导，非常简单实用：

- Stand，站起来
- Smile，笑一笑
- Say，说名字
- Shake，握个手
- Say，我很高兴认识你

孩子们会随机分成两两一对，互相练习这个方式。当时，班里有一个小朋友叫 Jeff（化名），来自印度，有着黑皮肤、深眼窝。最开始的时候，班里很多孩子一分到和他同组就会躲闪，玩“5S”游戏需要握手，孩子们更是抗拒，Joshua 不例外，他也害怕接触 Jeff。

在这个过程中，老师便重点引导小朋友学习和 Jeff 更自然地接触。总结起来，就是在生活互动中有意无意地给予具体的指导，让孩子明白如何进行合作，比如采用下面这 4 种做法：

- 靠近和邀请：“你不妨试着坐在 Jeff 旁边，再告诉我 Jeff 画的是什么？”

• 分享和对话："这本书你帮我拿给 Jeff 好吗？并且告诉 Jeff，你刚刚看了哪本书。"

• 发出帮助的邀请："Jeff 好像很为难，我们一起过去帮帮他好吗？""Jeff 哭了，我们去陪陪他。"

• 表示及时的肯定："我注意到你对 Jeff 微笑，你做了很好的一步。""你如果喜欢 Jeff 的作品，可以过去告诉他：'我喜欢你的作品。'"

老师跟我交流过这些做法的用意，说到要帮助孩子关注事情本身，减少孩子内心的不安，在这个基础上，孩子才可以更积极"破冰"，接纳彼此。这跟我观察到的情况一致，Joshua 和 Jeff 的关系磕磕碰碰了一段时间后，有一次两个人一起扶住了摇摇欲坠的积木，相视而笑后友情的种子便种下了。对孩子有信心，也包括对孩子需要的适应时间有信心。我们足够的耐心是孩子成长的基石。

◆ 在家玩"你传我接"社交训练游戏

最后，我介绍一个自己在家和孩子经常玩的社交游戏——"你传我接"，目的是帮助孩子明白如何进行持续性交流。我们讨论的社交能力不仅包括表面上的打招呼，还包括相处的细节、交流的深浅，更需要考量谈话质量的高低，这些能力都可以通过这个游戏来训练。

"你传我接"的游戏不受年龄段限制，无论孩子多大，只要具备一定的语言基础都可以参与。如果环境宽松，效果会更好。游戏的过程大致如下：

第一步，面对面站好，手里拿好道具

我们跟孩子隔开一定的距离，面对面站好，其中一方可以手里拿一个球。

先确定游戏的主题，游戏的规则是不能跑题。比如主题是“中秋”，如果孩子突然提问“你最喜欢班里的哪位同学呢”，便是跑题。

第二步，其中一方发球，并提出问题

孩子需要把球传给对方，并问一个问题。比如 Eric 把球给 Joshua 的时候，问哥哥：“你喜欢吃月饼吗？”如果 Joshua 的回答只是简单的一个词“喜欢”，那么这个球就不计分，而且他也不能够把球再传给我了。只有延伸回答才能计上 1 分，比如“喜欢，月饼吃起来很香”。完成了延伸回答后，哥哥就可以把球传给我或者弟弟，并且同时提出第二个问题：“那你喜欢月饼吗？”

第三步，让孩子理解规则，并且持续进行直至话题结束

这个游戏的核心在于需要我们提供有效的沟通内容，保证球传下去。因为有传球的步骤，孩子一般都能够很快掌握规则，并且持续进行下去，玩得多了，理解能力也会很快进步。

第四步，迁移知识，回忆孩子生活中的其他对话场景

我们可以告诉孩子，传这个球的过程就是我们谈话的过程，它停在我们的手里，需要我们“有效发力”，才能够传递给我们想传递的人。

比如我曾经给孩子们举例：“我记得昨天爷爷问你，在学校里玩得开心吗，你当时只回答了一个‘开心’，如果放在‘你传我接’的游戏里，会计分吗？”因为孩子们玩过这个游戏，所以能够理解这句话的意思，并且告诉我：“不能。”于是我便和孩子讨论如何把球更好地传回去，当时孩子想了很多答案，比如“我在学校里很开心，因为我玩水了”。

当孩子开始注意到对话的质量和作用时，他便迈出了社交能力很重要的一步。对话就好像传球一样，你来我往，除了接收信息，还包括提出问题，让别人接收到你的兴趣点，这些都是有价值的练习。

孩子的社交能力是层层递进、厚积薄发的过程。眼神交流、对话反馈、轮流游戏、社区活动、破冰游戏，这些互相衔接的活动会让孩子更受欢迎，更好地融入环境，并提高学习力。很多时候，一些孩子可能有一点儿害羞，或者是有一点儿强势，但一样可以在同龄的圈子找到合适的位置，成为团队中不可或缺的同伴。

我也希望孩子们能明白一个道理，真正的友谊不是靠一味讨好别人来获得，而是价值观的趋同，是个人价值的平等和互补。我们终究得先保护好内心珍贵的品质，才能让自己无论处在何种关系中，依然内心澄明。

Chapter 9

如何构建两个孩子的良性手足关系

法则9

别忘了时不时给孩子之间的情谊账户存上一笔，那是父母给孩子最好的礼物之一。

到底要不要生二胎，是很多人纠结的事情，但对我来说，这个纠结几乎不存在。

可能是因为我自己有一个亲哥哥，我们的感情很好。小时候我调皮捣蛋，保护我的都是憨厚的哥哥，这么多年过来，尽管也难免会有吵架、闹脾气的时候，但我们兄妹间的情谊更多还是一起玩闹、互相陪伴时慢慢存下来的珍贵的羁绊。直到现在，我们虽然不在一个城市里生活，但是我们的关系依旧亲密无间。在我心中，手足之情是美好的，也是我现在最为珍惜的人际关系之一。

所以换我自己养育孩子时，我也是毫不犹豫就生了两个孩子。

在 Eric 出生之前，我也做了很多功课，什么要提前告诉孩子生二胎的决定、给孩子一个仪式感、多陪陪大宝、帮大宝做好分离焦虑的过渡等，我都积极去做过。Joshua 当时还喜滋滋地摸着我隆起的肚子，对着弟弟轻声细语地说话。我问他开心吗？他睁大眼睛，笑得天真烂漫："当然开心啦！"

但很快，这曾经的美好就被现实的残酷击破。Eric 出生后的 3 个月里，是 Joshua 行为问题急剧爆发的一段时间。他看到我抱弟弟，大哭；看到弟弟睡觉，一定要吵醒弟弟，即使是半夜都会号啕大哭，硬是把睡梦中的弟弟吓醒；我们拿他的玩具给弟弟玩一下，他会觉得这是世界上最不能容忍的事情，拒绝、拍打，或者把玩具藏起来——是的，宁可藏起来也不会给弟弟玩一下。

那会儿我们的关系也很紧张，弟弟肠绞痛让我彻夜难眠，手头还有工作不能放下，再加上哥哥的情绪变化太大，都让我感觉自己像被点燃的导火线，一不小心就会爆炸。我也曾经很沮丧，想破了头都想不明白，为什么哥哥的情绪会在弟弟出生前和出生后变化那么大，到底是哪里出了问题呢？

但后来想明白了，并针对手足相争的情况认真做了调整，大概到 Eric 3 个月后，两兄弟的关系开始缓和，哥哥的行为问题越来越少，两兄弟的感情也越来越好。现在 Eric 4 岁多、Joshua 6 岁，他们俩的彼此依赖性，或者说是彼此需要性是很高的，甚至远远超出了我们的想象。

如今每次聊到那段过渡期仍然会很感慨，在手足相争还是相爱这件事情上，我们及时地找到了一些解决办法，帮助 Joshua 缓解了焦虑，适应了作为哥哥的新角色，这也为两个孩子的手足关系给予了及时的正能量。

大宝二宝是否相爱，取决于父母的态度

你还记得自己第一次成为父母的时候是什么心情吗？我当时抱着 Joshua，双手都在颤抖，小心翼翼又满怀感动，我也意识到接下来所有的生活都将有翻天覆地的改变。

在没有孩子之前，婚姻中的我只需要关注自己和老公的需求，而当多了一个孩子的时候，我们的婚姻关系已经建立了一个新的模式。下图是新的家庭关系系统模型：当一个或多个孩子进入家庭系统中，会改变由丈夫和妻子已经建立好的互动关系，一孩家庭相互影响的关系纽带从两个发展为 6 个。

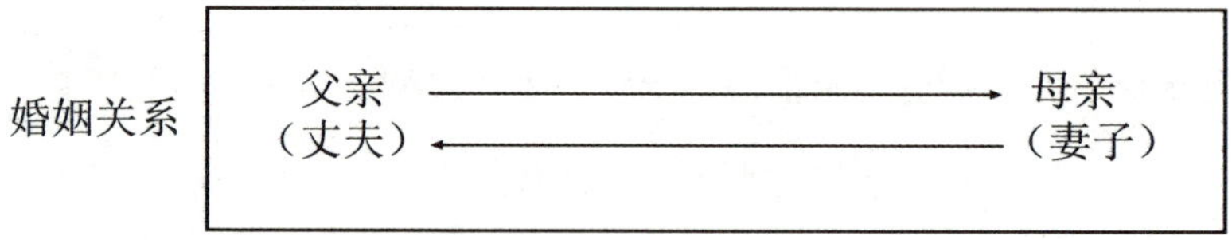

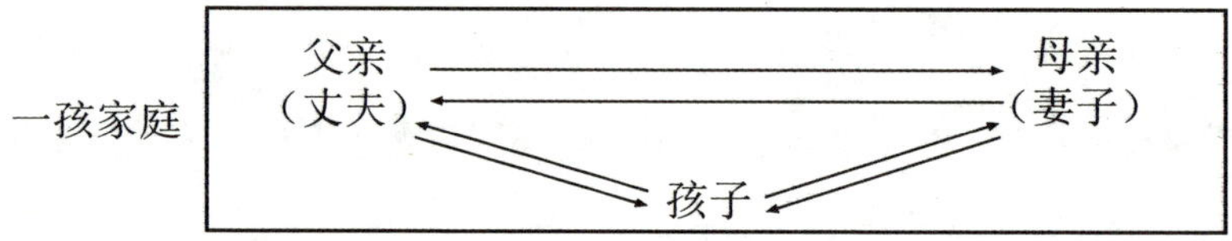

再多一个孩子，家庭关系系统模型就会迭代成下面这个模式：二孩家庭从6个关系发展为12个。

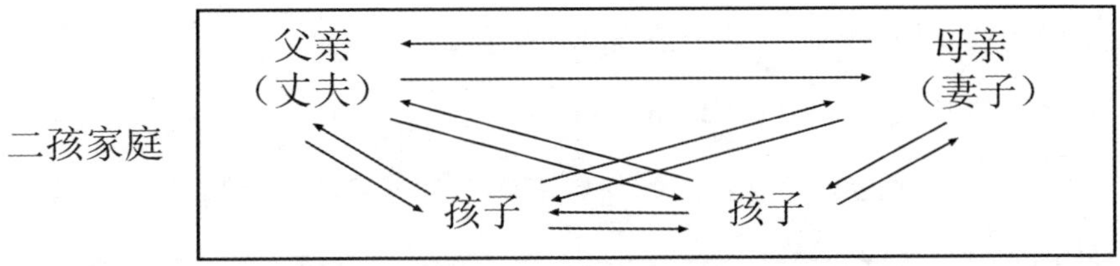

我常常在想，我们在成为新手父母这个角色时，尚且没有办法快速适应，更何况是一个学龄前的孩子。他们很多状况都不懂，即便我们和孩子说“你多了一个弟弟”，孩子内心也是惊慌失措的。

新家庭模式对Joshua来说，情感和心理状态也是需要时间去适应的。孩子并没有必须要个弟弟或者妹妹的想法，生二胎与否是父母的决定，而不是孩子深思熟虑的想法。但是在孩子眼中，他也明确看到父母身边多了一个人，父母的眼光开始不只放在自己身上，这些都会激发孩子内心本能的保护，这个表现在我们看来是“嫉妒”，但实际上也是一种生存的本能。

美国哥伦比亚大学的研究结果便这么分析：在任何一个社会，都存在头胎、二胎之间的利益争夺关系。对于先出生的孩子来说，新生命的降生是一种压力，是儿童期的创伤经历，他们会体验到强烈的嫉妒。即使在多子常态化的美国，父母也不可避免地需要面对“手足之争”。

此外，Joshua没有渠道学习手足关系需要的具体经验。我怀弟弟那会儿为他做的心理准备工作虽然很重要，但对于一个还不到两岁的孩子来说，理论还是多于实践，他并没有真正充分体验过手足关系的相处状态，而当时急躁的我们在跟孩子的沟通机制上也存在问题。比如，只顾着跟孩子讲道理说“两兄弟要相亲相爱”，可这些话对于当时的Joshua来说是无效的，听到这句话他直接崩溃了，生气地说：“你们走开！你们走开！”

我们当时忽略了孩子的理解水平远远比我们想象的还要低，孩子这些不听话的行为背后往往是无力和求助的信号。所以建立新关系的过程中出现的所有混乱，都需要我们好好陪着孩子去感受和体会。

我的导师约翰·戈特曼（John Gottman）说过一句话：“一段好的关系里，有着70%的亲密和30%的争吵。”这里所强调的便是把关系搭建和维系放在平时的相处里。我据此总结过两个方法，能有效地帮助孩子思考手足相处的整体状况，并帮助孩子更快找到自己的新位置。

◆ 帮大宝学会跟二宝打交道

我们可以试着不关注孩子某次争执，而是完整地去看待孩子们之间相处的每一个日常细节，并引导孩子怎么去做。我用的第一个策略是拆解指令，把“如何与弟弟打交道”拆解成简单可操作的步骤，让Joshua知道：原来和弟弟相处的每一个细节是可以这样去做的。原来我只需要这么做，就可以让彼此都觉得愉悦。这对哥哥与弟弟建立情感连接非常重要。

如果孩子仍然不能理解，我还会在引导两个孩子相处的过程中，多做几步来向孩子解释什么是“相爱”和“互相帮助”。这个方法很适合在日常生活场景中使用，比如让大宝帮小宝换尿布、准备辅食等，这些都能很好地增进感情。重点是需要我在孩子们的每次合作中，找到他们各自的优点和特点，让他们逐渐明白，原来每个人都有与众不同的地方，原来相互合作比打闹更有趣，互相替对方着想也比争执令人愉悦很多。

Eric出生后，如果Joshua给我帮忙，参与照顾弟弟的过程，我会这样跟他反馈：

第一步，肯定哥哥的行为："哥哥你做得太棒了，谢谢你很贴心地帮弟弟盖上小薄被。"

第二步，强化弟弟的反馈："你看，弟弟在对你笑，我想弟弟心里一定特别开心，谢谢哥哥的照顾。"

第三步，肯定弟弟的行为："哥哥，你有没有注意到，弟弟也在帮你的忙哦。"

第四步，强化彼此的合作："弟弟那么乖地躺在床上，是方便你盖小被子哦。"

要搭建好一座桥梁，一定得让孩子能够明确彼此的角色和互补的位置。我们通过这些细节描述让孩子感受到，自己在这段关系中是主动参与的，而年幼的弟弟也在用独特的方式接纳着哥哥。

只有我们从一开始就有意识地去引导，孩子才会慢慢明白，兄弟姐妹之间是互相帮助的关系，"我在某些方面做得很好，同时我也能够向弟弟妹妹学到东西"。在兄弟姐妹的合作中看到彼此价值，孩子就能更好地培养起自己在家里的归属感，无论是保护孩子的自尊心，还是对提高兄弟姐妹关系的亲密度，都有所助益。

◆ 大宝的自尊心需要保护

在二孩家庭里，我们很容易就会做出无意识的偏袒行为。我就曾经犯过这个错误。弟弟刚出生那会儿，当我要给 Eric 喂奶的时候，Joshua 跑过来说："妈妈，陪我玩！"这个时候我会下意识地回复一句："等一下哦，妈妈要先喂弟弟。"过了不久，当 Joshua 又来找妈妈的时候，我们又会下意识地开口说："嘘，小声点儿，弟弟快要睡着了。"

我最开始也没意识到有什么不妥，后来有一次和 Joshua 沟通，他对我说：“为什么你们只关心弟弟呢？”那一瞬间我才意识到，这些我们看起来没什么大不了的对话，孩子却有另一种解读：“妈妈凡事都以小宝宝为重，所以都不理我。”我也会想，如果当时我没有意识到这些细节，长年累月下去，孩子就可能真的会认为：“也许我就是一个糟糕的孩子，因为大家都不关心我。”

意识到这点很重要，因为要避免这种行为并不困难，我们只需要加一些补充内容。比如，当 Joshua 在弟弟要喝奶的时候跑过来找我玩，这个时候，我们可以对回复进行巧妙补充：

第一步，肯定孩子的心意：“哥哥，你想妈妈陪你玩是吗？太好了！”

第二步，邀请孩子参与进来：“你可以来帮妈妈的忙吗？我们一起照顾弟弟好不好？”

第三步，肯定孩子的努力：“你真是一个得力的小帮手！”

抓住每一个生活细节，让大宝有机会参与照顾弟弟、妹妹的过程，并且给他们一些简单可操作的指示。一方面可以降低孩子被忽视的感受，另一方面可以让孩子在照顾他人的过程中，感受到自己的角色和位置，认识到自己的价值，培养起自尊感。而一个有足够自尊感的孩子会更容易、更自信地与弟弟妹妹相处。有时候现场如果太混乱，出现疏忽也是人之常情。如果出现这种情况，事后父母一定要主动分出时间给大宝，讨论之前发生的事情，和大宝一起谈谈感受，这些都是保护大宝自尊心很好的方式。

家庭是人际关系最好的学习实验室

随着小婴儿的逐渐长大，两个孩子之间开始势均力敌，小宝不再弱势，甚至当两个孩子发生冲突状况的时候，他们彼此的战斗力根本不分上下。我家的两个孩子吵起架来便是如此，不讲道理、剑拔弩张、势均力敌。如果看到我在，他们就都会跑过来找我：“妈妈，哥哥拿了我的玩具！”“妈妈，那是我的玩具，我先拿到的！”这边 3 岁的弟弟委屈大哭，那边 4 岁的哥哥气得跺脚，战争一触即发。

也许你会好奇这样的相处状态是否正常，实际上它发生在大多数二孩家庭里。

> 在戈特曼的研究中，兄弟姐妹之间的关系是人际关系最早的“学习实验室”，孩子可以通过跟自己兄弟姐妹相处的过程，检验自己的行为或者角色是否适应将来的生活。

在这个过程中，孩子需要学习是战斗还是和解，是顺从还是掌控，是合作还是竞争。多孩家庭中每个孩子都会运用自己跟兄弟姐妹的关系决定自己想成为什么样的人。

这个特有的互动模式也会影响每个孩子在今后的生活，乃至成年后的人际关系状态。兄弟姐妹之间一般会在他们最敏感的年龄段学习和发展出自己跟手足之间的互动方式。但只要是健康的手足关系，冲突频率和程度都会随着孩子年龄的增长而降低。在冲突当下，他们也会越来越从容地找到平复心情、修补关系的方式，而不会让这些冲突持续太久，造成关系的裂痕。

你会发现虽然吵架当下仿佛天都要塌下来，但等打开心结后，孩子们又好像没事一样，尝试拥抱，重新沟通。比如我家两个孩子，哥哥会向弟弟张开手臂，告诉他：“对不起，我刚刚不应该打你。”弟弟也会抱着哥哥说：“哥哥，你拿了我玩具，我会伤心的，但你可以跟我说，我会借给你。”

这些都是孩子们相处的真实过程，但这过程可能需要持续好几年的时间，孩子们能否真正在手足关系中找到自己和同龄孩子的相处方式，有一个关键因素是家人的示范和态度，即家人如何面对和处理孩子之间的关系。最关键的一点是我们能否让孩子感知到：“没有不吵架的关系，但相爱的人总会一起想办法去解决，这也是爱的力量。”要做到这点，需要我们把握好 3 个维度。

◆ 不提前介入

冲突发生的时候，我们总会担心局面无法控制，冲突让人不愉快，所以我们本能都是想尽快结束这个冲突，比如直接告诉孩子应该如何处理这个矛盾：“这个玩具你们要轮流着玩。”又或者把两个孩子隔离：“你们再吵就什么都不要玩了。”

但实际上不管我们是用温和还是严厉的态度，是面带微笑还是皱眉以对，当我们时刻待命介入孩子关系的时候，孩子就失去了一个可以学习独立解决问题、维系人际关系的机会。

所以面对孩子的冲突，不到必要的时刻，我们不需要提前介入。在冲突发生后，我们可以从远处观察，了解孩子们在这个过程中的状态，包括情感、沟通和肢体语言都会成为关键线索。我通常会给自己留 5 ～ 8 分钟的等待和观察时间。它不至于短到孩子们之间没有机会学习相处的方式，也不至于万一出现失控、伤害或者大喊大叫的过激情况，我们没有办法做出更进一步的支持。

◆桥梁的角色

我在介入我家两个孩子之间的矛盾中时，一直都会提醒自己，我的目的是帮助他们学会处理关系，而不是我要去替他们处理关系。孩子吵架的时候，父母的态度往往左右着冲突走向。冲突中的孩子往往对成人的身体语言更敏感，这里包括我们的表情信号、语气态度，以及身体姿势。

> 比较好的介入方式是向孩子表达我们的信任和尊重：蹲下身体跟孩子齐高，使用平静的音调，适当的时候可以拥抱孩子和抚摸孩子的后背。

当我们愿意这么跟孩子接触的时候，这其实也是一支情绪稳定剂，不仅可以帮助孩子平复情绪，也可以让孩子感受到我们的支持。

心理学上常用的复述法，同样也可以帮助孩子感受到这份支持。

• 复述孩子表现出来的情绪："我看到了你们的不开心。""我知道你们现在都很气愤。""哥哥拿了你的玩具，你很伤心。""你被弟弟打了，所以你很生气。"

• 复述孩子的行为："你们刚刚在一起玩积木，但是弟弟不小心把积木推倒了。"

• 引导孩子去解决问题："我们该怎么做来解决这个问题呢？""所以哥哥提出的解决方案是……弟弟你能接受吗？""你觉得怎么做才不会那么难过？"

• 也可以把困扰讲给孩子听："那我现在也很困扰，你们都不愿意告诉我发生了什么事情，我怎么帮你们呢？"

这些复述行为，从情绪、行为、后果和解决方式等不同的角度入手，都是为了让孩子们知道父母关心他们出现的问题，父母也同样期望他们想出办法来解决问题。把孩子内心的想法客观地描述出来，这个过程本身就是在搭建孩子之间的桥梁。让孩子明白在冲突中自己的选择会影响结果，当孩子提出建议，并且衡量解决方法的时候，这便是他们获得解决问题思维的过程。

◆ 帮助过激的孩子

当处在激烈的情绪状态下时，一些孩子也容易产生过激的行为，比如语言暴力或者肢体攻击，从字面上来听，这些信息都很糟糕："我讨厌你，你真是一个大笨蛋。""你快走开，不然我就打你！""我再也不想见到你了！""我不想跟你玩，你不是我的朋友。"

听到这些话的时候，我们很容易直接否定，比如说："说什么话呢？怎么会是大笨蛋，不能这么说别人哦。""你怎么会讨厌他呢？你们明明还一起玩得好好的。"可是越这么说，孩子显然会越生气，反过来争论："他不是，他才不是我的好朋友呢。""我再也不想跟他玩了！"这恰恰是因为我们只顾着停留在表面意思上，反而误会孩子的信息。当孩子感觉到自己被误解，则更可能陷入崩溃、激烈的反应中，从而加剧了冲突。

> 复述法同样适用于这种情况，对孩子的信息进行重构，让过激的语言转变成为可以接受的语言，让孩子内心的需求、感受和情绪状况都得以浮现出来。

比如，告诉孩子："你真的很生气呢。""你现在是想一个人玩游戏。"这些都可以帮助孩子找到正确沟通的模式。

可以有分歧，但不能手足打架

我们家一直有一个不成文的规定，就是不能出现打架的行为。如果孩子们出现了“打人”的举动，我一定会毫不犹豫地介入并制止他们的行为。最夸张的一次，我挡在两个孩子中间，他们的拳头全都砸在我身上。

我一手抱着力气小的，一手挡着力气大的，身体还得把两个孩子隔开，不让他们拳打脚踢伤到对方。结果呢，两个孩子毫发无伤，我却满身挂彩，头发被扯得乱七八糟，手臂被 Joshua 打得红肿疼痛，我还被 Eric 咬了，眼镜也掉在一边。那是我家孩子迄今为止最严重的一次冲突，当时 Eric 近 2 岁，Joshua 3 岁多。

孩子的生活中能否避免被人打呢？我的亲身体验告诉我那是不可能。在孩子成长的过程中，肢体冲撞是很常见的。处在 2 ~ 5 岁的孩子，不一定真的是我们概念中的“熊孩子”，只是很多事情虽然想表达但不够清晰，然后肢体动作速度比大脑反应快，从而导致自己都没想清楚，可能动作就实施了。最关键的是，他们对于力度的把握还不够，所以才导致了很多“打人”的行为。

孩子在被打之后很容易出现两种反应，一种是“懵在当场”，身体动作整个停滞了，不知道发生了什么。另外一种是“立即反击”，可能别人打了自己，自己下意识的第二个反应就是冲过去，立刻打回去。（可以参看“导论”中“先天气质”有关“反应强度”的部分）

被打后是否还击，很多人都会各执一词，我的观点是不还击。是否还击，侧重点是结果（Result），即 A 对 B 做了什么。如果只看到这个结果，我们很容易更加计较，我们会潜意识地告诉自己：“孩子受到伤害不反抗，就等于纵容了对方的坏行为，孩子遇到事情只会懦弱怕事，最终连保护自己都不会。”但是，如果时刻有这种“我家孩子吃亏了”的想法，我们会变得偏颇，忧虑容易演变为反感，进而又会演变为敌视，反而不利于习得真正有效的社交能力。

> 比起还击，我更希望孩子能够关注“互动”（Interaction），即 A 和 B 之间的关系是什么。

我希望孩子可以学会更成熟地看待人际关系。这个人际关系不是被动地听别人的指令说怎么做才是好的，而是孩子不管处在怎样的状况下，都愿意花时间思考适合彼此的互动方式是怎样的，如何让关系变得更舒服，而面对不舒服的情境，我们怎么做会更好。

比“打回去”更好的两个方法

在前面说的那次冲突里，我很狼狈地花了 20 分钟才让打架中的孩子们冷静下来，给他们看我身上的伤口时，我说：“这就是被打之后的样子，我不希望你们中的任何一个人受伤，但更重要的是，我不希望你们以后觉得，暴力可以帮助你们解决问题。”

不是别人用了错误的方式去对待我们，我们就要用错误的方式去还击他。也不是别人伤害了我们，我们就要用同样的方式去伤害别人。很多时候，我们在学会如何保护自己的同时还要学习如何做才不会伤害别人。

说真的，那次我的“惨状”对两个孩子的冲击非常大，他们后来很安静地坐在我旁边，一直抚摸我的伤口，然后静静地听我讲了很多处理人际关系的办法。自此之后，他们再也没有发生过比那次更激烈的冲突，我能感受到孩子在持续地学习其他更多、更好的方式，总体来说，现在需要我介入的情况越来越少。

那么，哪些是比“打回去”更好的方式呢？

◆教会孩子用语言表达意愿

平时在生活中我们要有意识地引导孩子表达自己的想法，并且敢于坚定地说“不”。以下都是学龄前孩子可以做到的自我意识的表达方式：

“这是我的玩具，我想/不想分享给你。”能够坦白表达归属权，并且表达自己的意愿。

“你不可以打我，我会生气的！”能够不畏惧对方的强大，并且敢于表达自己的感受。

“打人是不对的，你放开我。”能够说出自己的判断，并且主动解决问题。

这些表达方式的核心就是教会孩子用语言表达意愿，必要的时候甚至需要我们据理力争，帮助孩子学会谈判，为彼此的矛盾提出合适的解决方式。这都需要我们有足够宽容的环境，孩子才能够萌发这个意识。一个能够在冲突面前不卑不亢、有理有据地保护自己的人，显而易见会更受人尊重，因为这是一个正面、积极的方式，也符合我们社会道德和准则。

◆引导孩子学会向大人寻求帮助

比如，我也会时常告诉孩子：“遇到处理不了的问题一定要向大人寻求帮助。”很多人对“寻求帮助”有误解，比如自家孩子被别的孩子打了，然后孩子去告诉老师或者父母，这时可能就会出现另一种声音：“你为什么打小报告？”

但其实打小报告和寻求帮助，完全不是同一个概念。自己被欺负了，受到了伤害，也不知道如何回应，向心智和观念更成熟者寻求帮助，这是孩子早期安全基地的来源，因为在那一刻，孩子确信大人是和自己站在一起的，孩子也相信可以和大人一起来解决问题，这是一种安全依恋关系。

我们不可能永远保护孩子，但也无须要求孩子立刻懂得如何保护自己。在学习自我保护和捍卫自己权利的路上，我们可能需要花上几十年的时间。即便是现在已经成年的我们，在生活中遇到的冲突也不少吧？但是我觉得能够支撑自己安全无虞走下去的，一定是我们的心态和处理方式符合自己一直以来的价值观和人生观。

我们看待冲突的视角，其实反映的是我们自己面对人际关系的价值观和人生观。只有想清楚这一点，我们才能真正明白“己所不欲，勿施于人”这句话的含义，才能知道真正的“没事儿别惹事儿，有事儿别怕事儿”，其实可以有更多的解读角度。

现在我家两个孩子感情非常好，哥哥护着弟弟，弟弟撑着哥哥。随着年龄的增长，他们从一起吃、睡、玩，到现在互相合作、共同探索，对于他们的能力发展来说，同样有很大的帮助。他们会有冲突和争执，但是每次也能看到他们认真去面对，无论是谈判、沟通、接纳还是调整，这都是孩子之间关系的重要一步。

在两个孩子之间的情谊账户里，父母应该时不时存上一笔，让他们找到更好的手足相处之道。我始终想，也许年幼的他们现在还体会不到那种庆幸，但是将来有一天，他们会发现，那是父母可以给他们的最好的礼物之一。

> 如果你想了解二胎隔几年生比较好，想了解独生子女家庭和多孩（两个或两个以上孩子）家庭的利与弊，可以看这份综合了国内外出生秩序的理论研究，了解不同生育间隔的利弊，做出对自己和家庭最合适的选择。扫旁边的二维码，发送文字消息“教养力第九章”即可查看。

Chapter 10

如何在规则中爱孩子

法则10

保持沟通的双向性、契约的平等性，规则才能真正发挥出积极作用，这也才是真正的爱。

我一直坚持的一个观点是：自由与界限不冲突，规则和爱也不对立。孩子需要关爱和信任，希望我们给予放手的空间，但是同样也需要进行行为规范，爱与规则很多时候是相辅相成的。关爱和信任是亲子教养所有行为的基础和保障，而规矩和限制则是孩子内心安全堡垒的一环。

把握好这里的分寸的确很难，我也经常收到很多沮丧的留言，家庭系统里规则和爱之间的分寸总是很难把握：妈妈只知道爱孩子，却不懂得如何去约束孩子；爸爸只懂得约束孩子，却不知道如何更好地去爱孩子。这些都会让整个家庭关系出现失衡。

规则是“共同做点什么”

人之所以成为“社会人”，是因为我们是群居动物，我们内心渴望团体中共同的价值观，而行为规范是价值观的体现维度之一。

> 事实上，虽然我们内心对规则忐忑不安，但实际我们一直都在参与规则的制定，而大部分的规则都是我们出于对孩子的保护而制定的。

我们希望孩子在外面如学校和托儿所能够遵守规则，其实同样需要帮助孩子理解和遵守家里的规则。

每一个孩子在成长过程中，内心都希望可以得到老师和家长适当的约束，这同样也是爱的一种表现。合理的规则意识，最起码可以帮助孩子获得以下能力：

◆ 提高环境适应力

现实世界一定是有规范和约束的，这是所有社会人的行为准则，孩子需要明白规则和后果，比如社交场合“不准打人”是规则，而违反了规则之后一定会导致某些后果，提前明白这些也是为孩子进入现实世界做好准备。

◆ 提高社交能力

有些规则是很重要的礼节，比如需要人帮忙的时候得提出“请”，损害别人利益得道歉，提前了解和学习这些规则可以让孩子不仅能更好地融入集体，也能明白如何通过恰当的方式获得自己想要的东西。

◆ 增强力量和合作性

大家也许没有意识到，明确的界限意识可以帮助孩子减少对抗，孩子不需要去测试父母的底线在哪里。比如当我们用积极的态度来陈述规则，告诉孩子“你只能在厨房和客厅吃东西”的时候，孩子是能感受到我们想要实现什么样的家庭期望的。同样，当我们强化鼓励的行为的时候，比如告诉孩子“谢谢你专心听我讲话”，都会鼓励孩子更愿意去合作。

◆ 让孩子安心

很多时候虽然孩子表现出强大的能力可以掌控自己生活中的一切，但实际上年幼的孩子还是需要我们在细节上给予引导和指令的，这会让孩子对自己的独立性和处理责任的能力更有信心。比如，当我们跟孩子约定坐车的时候，得坐安全座椅，系上安全带，这一定好过让孩子在车里到处乱爬、东倒西歪来得安全和舒服。

不知道大家有没有发现，其实很多时候，规则并不是“你不可以做什么”，而更多的是“我可以做些什么”“我们可以共同做点什么”。如何保证我们提出来的规则不仅符合孩子的发展，还能够支持孩子探索、学习并实践新技能呢？有几点思路我想跟大家分享。

不合时宜的规则会有“反效果”

家庭虽然是孩子意识到规则的第一站，但是太严格或者超出孩子年龄段基础能力的规则，往往会有反效果。完全放任当然会宠坏孩子，但太多的限制也会严重限制孩子的自主性。

举个例子，如果你希望一个 1 岁多的孩子就能够用叉子或勺子吃完他所有的食物，或者约定好在家里一定不能够大声说话，这些规则可能很多时候都会给你的实际执行带来很大的阻力，毕竟前面那条规则所需的能力已经超出了年龄范围，后面那条的约束范围又太宽泛。这些过高的期待，会在孩子内心投下“我没有办法让爸妈喜欢我”的阴影。

因此，当我们制定规则的时候，一定要考虑孩子的年龄和能力。我们希望 1 岁多的孩子能用勺子和叉子吃完所有的食物，但我们也要明白一点，对于 1 岁多的孩子来说，能够主动拿起勺子和叉子吃，已经是一件很值得鼓励的事情，我们不能指望孩子立刻就能够完美地做到任何事情。

再比如，收拾玩具可能是很多家长的期望，但是我们不能完全指望 3 岁的孩子在没有任何提醒、要求的情况下，就能完全自觉地把玩具放好，更合适的期望是我们应该引导并且提醒孩子，跟家长一起来清理和收拾东西，比如告诉孩子："我们早点儿把玩具收拾好，我们就可以快点儿开展下一个游戏了。"每制定一个规则，多跟孩子解释一下为什么，以及可以带来怎样的帮助，都会有利于孩子增进对规则的理解。

◆ 规则不能毫无约束力

规则是成人对孩子的一种期待，本身就是"从上到下"的视角，这是无可厚非的。但是很多时候，我们在制定规则的时候也容易走极端，不是太严格超出了孩子能力和年龄范畴，就是太松散、太容易，让孩子感觉自己的每一个行为和举动，都可以得到父母的认可。

> 这大多体现在，孩子行为不妥当的时候父母没有及时提醒，或者讲述规则的时候只能使用空洞而无效的威胁，这些都会阻止孩子对责任意识的学习。

举个例子，很多蹒跚学步的孩子在生气的时候容易大喊大叫，在发脾气的时候出现打人、扯头发等行为，这些行为当然是这个年龄段常见的表现，也应该得到我们的宽容和理解。但是宽容和理解并不意味着我们完全放手不管，什么也不去做。相反，我们更应该借此机会引导孩子，告诉他们，虽然很生气、内心很难受，但是我们可以有更多合适的方法来疏解内心的郁闷，我们可以一起学习更多、更合适的方式。

需要注意的是，我们在这个过程中陈述的方式。当我们希望孩子做得更好的时候，多用肯定句，比如以平静而坚定的方式告诉孩子："我们不要尖叫，如果你难受，可以跟我一起做一下深呼吸。"虽然一个 1 岁的孩子看起来好像什么都不懂，但是孩子能够直接地感受到你的表情、状态。你的大方、平静和积极，都可以让孩子很快学会新的方式来调节自己内心的不安。

◆ 规则需要保持一致性

这里当然是我们古语一直说的“以身作则”，很多时候家庭的规则是有通用性的。如果我们今天心情好就允许某种行为的发生，第二天又对这种行为反应过度，那么对孩子来说，不仅会产生困惑，还会让孩子更进一步想要去测试父母的底线，找出真正的界限在哪里。

我们制定规则，一定要避开个人主观喜好和必须强制执行的规则，比如孩子在家里打人不仅不反对，还觉得是开玩笑，跟着孩子一起笑，但是孩子在外面打人却又不被允许，觉得不礼貌，或者自己时不时说脏话，但又不允许孩子说脏话等。这些规则不仅会让孩子感到困惑，还会失去规则本身的价值。

很多时候，家庭规则不需要多，但一定是我们能够保持一致的。当孩子出现不妥当行为，如打人、吐口水、推搡、发脾气、说脏话等的时候，我们要敏锐地意识到这些行为是不妥当的，以一个温和而坚定的方式去引导孩子学习规则，这样会更容易让孩子养成好的行为习惯。如果我们从一开始就告诉孩子“我能理解你很生气，但我们生气的时候不能打人，我想我们可以一起学习更多合适的方式”，才是具有一致性的规则。

为什么规则难以执行

规则是不是定下来了，孩子就能执行？当然不是。比如好不容易和孩子约定了 iPad 只能看 5 分钟，结果到收 iPad 的时间，就又变成了拉锯战的时刻，这种状况我家也有过。

有一次 Joshua 在和我争论收不收 iPad 的时候，大哭着说道：“我知道时间到了，可是妈妈，你明知道我就差最后一步了，为什么就不能多玩一会儿？”说实话，就是那一刻 Joshua 逻辑清晰、目的明确的质疑，让我也不禁反思，为什么孩子会抵触规则？

“没有规矩不成方圆”，规则的重要性前文已经说过，为电子产品制定时间规则，长此以往对孩子的学习和健康有利。但那次和孩子的争论让我警醒，我在制定规则时犯下了“不平等条约”的错却不自知。什么是“不平等条约”？指的是在制定规则之前，契约双方本身是不平等的。我规定孩子每次只能看 5 分钟，但一个刚满 3 岁的孩子哪里知道 5 分钟有多久。

表面上看，孩子违反了我的条约，但实际上我在制定规则的时候，从头到尾都没有问过孩子一句：“你知道 5 分钟是多久吗？”或者：“你觉得我们可以约定多长时间？”我希望孩子最终可以实现自我管理，但我最起码应该问问孩子，他对自我管理的状态和期望是什么。我设置了一个单向的契约，并以成人的标准去认定孩子不遵守规则，让孩子被动接受和忐忑不安，那么这同样也是一种“人为控制”。

通过承担责任训练遵守规则

我在接下来差不多一年的时间里，和孩子走了一段很长的路，我帮助两个孩子成为规则的制定者和责任的承担者。

◆ 第一步，让孩子参与制定规则

每个家庭的具体情况都不同，所以在家庭会议上讨论并拟定全家的规则，其实是我们制定规则的第一步。避免“不平等条约”的关键是让契约经得起推敲。这里包括对不同场合以及对所有人的考虑。孩子得明白制定规则的意义是什么，他到底能做到什么程度。

我也会问孩子：“你觉得看 iPad 多长时间比较合适？”“你觉得我们约定几点睡觉好？”孩子一开始对时间毫无概念，会天真地和我说：“我要看 100 分钟 iPad。”“我想明天早上 8 点才睡觉。”“我今天 5 点就要睡了（我们讨论的时候都已经是晚上 7 点了）。”

在这个时候，我会想办法先让孩子明白 10 分钟到底有多久。最开始的时候我是用沙漏帮助孩子了解时间，从 10 秒的沙漏到 30 秒再到 15 分钟，然后是用 iPad 的自动倒计时提醒，教孩子学会自己设定倒计时。

孩子也提出过疑问：“为什么看 iPad 得有限定的时间呢？”面对这样的问题，我就会花上一段时间，跟孩子仔细解释用眼习惯和合理距离，讲解近视的成因、坐姿不合理对身体的伤害等。提前和孩子讨论规则的合理性很重要，这个合理性不是我单向地去限制孩子，而是我们彼此能够理解也接受的具体方案。

◆ 第二步，内化规则

我和孩子约定好的规则往往会转化为简单可操作的几句话。比如经过我们的讨论，最终制定的 iPad 使用规则是这样的：

- 上学日一天一次，一次 15 分钟；放假日一天 2 次，每次 15 分钟。

- 使用 iPad 时坐姿得端正。
- 自己设定 15 分钟的倒计时。
- 自己取 iPad，使用完把 iPad 放回充电位充电。

转化为具体行为之后，你会发现，孩子可以读懂 iPad 游戏时光的所有规则。在这个大原则下，至于何时做、玩什么，过程由孩子来定。

执行规则时人人平等。比如当我要求孩子坐姿端正后，孩子会跑来问我："妈妈，为什么我们看书的时候要坐好，爸爸却躺在床上看书呢？"我也会鼓励孩子说："我觉得你可以提醒一下爸爸注意坐姿端正。"有时候"不平等条约"的界限非常微妙，成人可能以为这些无关紧要，但其实孩子们都看在眼里。执行规则的时候，别忘了强化自觉遵守规则的行为。这里的要点就是积极关注，要时刻发现孩子遵守规则的行为并及时肯定。

当 Joshua 坚持了正确坐姿 3 分钟时，我都会鼓励他说："Joshua，你在玩 iPad 的时候保持了正确的坐姿，真好。你保护了自己的眼睛和身体。"Eric 把 iPad 拿到充电器上充电，我也会跟他说："你玩了 iPad 后就拿去充电，我想 iPad 一定很开心，谢谢你没有让它'饿肚子'。"

> 我们都知道，亲密相处和交流的回忆常常能保护一段关系。在亲子关系中，积极关注规则行为，也可以让孩子感受到我们对他的尊重、信任。

我在家里对孩子们渗透规则 1 年多后，的确能看到孩子的变化，他们也会自觉地告诉我："妈妈，这样坐不对是吧？""我这样看书，对眼睛好。"主动意识到规则对自身的积极影响，这些都是规则的内化。

◆ 第三步，需要灵活处理违反情况

发现孩子出现不当行为时，我们同样需要灵活处理。规则渗透是任重道远的事情，原因在于它会反复被打破。当孩子违反了约定，我们首先得让自己持续保持“积极关注”，这个意识可以帮助我们避免陷入成人单向思维，忽视孩子的真实感受。

有时候，孩子的想法和要求很坦然、很直接，并不是故意违约。比如我刚开头说到 Joshua 的例子，他真的不想遵守规则，但他是一个故意违反约定的孩子吗？并不是，他只是有很多东西还不懂。这时，我们如果能时刻保持理解、尊重和温和的态度，事情会变得更容易处理。

你可以尝试以下这几种方法：

清晰指令

先反思一下，我们的指令孩子能否完全听懂？比如有时候孩子玩得正尽兴，也许没有认真听我们的话。如果我们想办法把指令说得更明确，甚至还可以辅助一些肢体动作来说明，效果会更好。比如催促孩子回家，不妨说：“今天的户外活动时间结束了，哥哥、弟弟把平衡车收起来，我们回家了。”或者直接就和孩子一起把车子拎在手上往家的方向走。

衡量难度

有时候我们会发现孩子无法遵守规则的原因，其实在于规则本身不合理，比如让孩子完成的要求并不现实，但又不能破坏约定，那我们可以采用“衡量难度”的方法。比如跟孩子约定过衣服全部要自己穿好。当发现孩子的熟练程度还不够时，而且今天的系带鞋子对孩子是太大的挑战，那么就不妨给孩子换一双容易穿的鞋子，降低难度。

持续关注

每次和孩子进行行为调整的时候，同样别忘了积极关注。如果发现孩子做出调整或者遵守约定，我们一定要记得给出肯定和鼓励，正向加强孩子的规则意识。

◆ 第四步，承担自然后果

在制定规则时，也要一开始就跟孩子说清楚底线，强调可能发生的自然结果。比如，有一次傍晚我带哥哥和弟弟到小区玩，他们都玩得忘乎所以，过了约定时间还不愿意回家，而晚饭即将上桌。这时候，我会告诉他们底线是什么，并告诉他们继续磨蹭的后果是什么：

“奶奶打电话来说，还有 5 分钟就要开饭了（提出提醒），再不回去，我们就会错过晚饭时间（指出底线）。我可以在这里等你们拿上车子一起回家。不过你们要快一点儿，如果回去太晚了，今天最好吃的红烧鱼，可能就只剩下鱼刺啰（继续磨蹭的自然结果）。”

还有在孩子们最容易出现的晚睡问题上，也不妨试试用这个逻辑和孩子沟通：“现在已经 8 点半了，我们约定好了要睡觉（提示规则），我现在要关灯和讲睡前故事了（指出底线，也可以设置闹钟提醒）。如果你们太晚过来，今天的睡前故事也许就取消了哦（晚睡的自然结果）。”

说这些话的时候，我都会半蹲下来，和孩子等高，平视孩子的眼睛，平静自然地把底线和选择的结果讲清楚。看着孩子的眼睛，是为了让整个谈话变得更加平等和坦诚。

虽然我们可以把选择权交给孩子，但也要坚定地表明我们的规则和底线，比如“吃晚饭的时间不会变”“晚上睡觉的时间不会变”，更讲清楚了不执行约定的后果是什么，比如当孩子太晚睡觉的时候，客厅和房间都关了灯，睡前故事会取消，而全家人除了他，都已经回到房间在床上躺着休息了。

实践工具箱

自然后果不等于惩罚

在运用自然后果时，常见的误会是把对孩子的惩罚当成自然合理的后果。自然后果强调的是孩子对自己的行为负责，孩子可以对选择做出决定，判断自己需要采取什么样的行动，而后果的制定是基于社会规范、自然法则，并不是某个人的喜好和意愿，或者某种权力的压迫。

举例来说，孩子不吃饭，会挨饿。冬天出门不穿厚衣服，会感冒，这些都属于自然后果，属于孩子行为自然会发生的结果。但如果孩子今天不吃饭，明天就不能出去玩。如果孩子出门不穿衣服，父母就把这件衣服扔了。这些便是惩罚，因为孩子的行为和结果之间没有直接关联，孩子会付出怎样的代价和面对怎样的后果，是父母个人权威的要求。

我们常常以为自己为孩子制定合适的规则就是保护了孩子，并且让孩子避免其他可能的伤害，却忘记了沟通需要双向才有根基，契约必须平等才能有效。我们应该努力避免把规则变成控制，把好意变成了过度计划。毕竟，我们养育一个孩子，本质上是希望他可以掌控自己的人生，不是放养，也不是控制，而是让他拥有自己的判断、追求和自控力。

Chapter 11

如何帮孩子战胜内心的恐惧

法则11

成长中有太多的恐惧、迷茫和害怕，但我们可以让自己更强大，强大到光明道路自动出现在眼前。

我家 Eric 是一个小吃货，天天都在追着食物走，家里的麦片吃了一罐又一罐，放在高处的小饼干，他都会自己搬凳子爬上去取。有一次，他在刷完牙之后又馋了，趁我给哥哥 Joshua 刷牙的间隙，自己搬着凳子从食物柜里拿了麦片和牛奶，从厨房里拿了碗泡着吃得津津有味。结果等我给 Joshua 刷完牙出来的时候，他正在一个角落里蹲着，嘴上还有麦片碎渣，满脸、满地都是“证据”。

让我没想到的是，被发现偷吃的 Eric 就像没事人一样，大方地和我们解释发生的事情：“弟弟什么也没做啊，麦片就这么掉下来了。我也不知道发生了什么事情呢。”一边说，一边还忍不住擦了一下自己的小脸蛋，眨巴着眼睛看我们。

想象一下如果是你家孩子这么做，你是什么样的心情呢？会不会觉得孩子显然就是睁眼说瞎话？明明自己搬着凳子去取食物，还说自己什么也不知道，不仅说自己不知道，还编了一个麦片自己掉下来的故事，孩子这种情况该怎么处理才好呢？

这看起来只是生活中很小的一件事情，无伤大雅，但涉及撒谎，我知道很多父母都难免会觉得很紧张，担心如果不好好教育一下，孩子养成了撒谎的习惯，就会对孩子以后的行为造成影响。的确，诚实是孩子很重要的品质，我们也应该教会孩子诚实，但这里我想从另一个角度谈谈孩子说谎问题中更重要的事情。

孩子撒谎的内心动机

谎言，也就是不存在的、虚假的东西，就像 Eric 编造的“麦片自己掉下来了”。从另一个角度解读，这是孩子想象出来的一种现实，所以当一个孩子出现撒谎行为的时候，在认知上意味着他们有了更高阶的思考能力。想想看，一个婴幼儿不懂得何为撒谎，因为他们区分现实和愿望的能力是有限的。

一般来说，孩子会在 2 ~ 3 岁时出现人生中第一次“说谎”。很多时候，当孩子很想要一个东西但还不能拥有的时候，说谎可以帮助他们在想象和现实世界中搭建一座桥梁。于是孩子在有了急迫愿望或需要独自面对现实的时候，就会选择说谎。

如何理解呢？

首先，谎言会出现在孩子的愿望世界里。之前我在看《头脑特工队》的时候，特别喜欢电影里戏份不多但却立体、有趣的 Bing Bong。因为它的形象就是丰富想象力的集合：象鼻子、猫尾巴、棉花糖身体，哭出来会流糖果。这个“幻想朋友”很强大，也是孩子的想象力在现实世界的投射，可以帮助主人公莱莉实现所有的愿望，比如上月球、宇宙冒险等。

其次，谎言同样会出现在孩子需要独自面对现实，同时又想保护自己愿望的时候。比如，Eric 偷吃麦片被发现了，他内心其实是不想被大人发现的。所以撒谎是他保护自己的本能反应。孩子的愿望如此强烈，面对现实的方法又如此有限，所以他们会忍不住地想撒谎。这个时候，我们更需要关注的是，孩子的谎言里其实糅合了真实的愿望成分——他想吃麦片，通过幻想另一种现实，他就能挡住因为“偷吃”带来的愧疚感。

以上两种情况都是孩子想象力在发展中的具体表现，也是孩子在现实和愿望中试探游走的过程，是孩子发展的必经之路，了解这些对我们来说很重要。在孩子准备好承担责任以前，撒谎其实是孩子本能反应想出来的解决办法，我们无须想得太糟糕。而我们要做的是找到方法，帮助孩子度过这个阶段，逐渐明白如何面对现实和愿望。

“察言观色”，巧妙建立孩子的好行为

两三岁的孩子如果说谎被拆穿了，可能还会天真无邪地看着我们；但是到了四五岁的时候，孩子自己就能够迅速意识到自己说谎的状态，当被质疑的时候，孩子的表情可能会出现变化，可能表现得理直气壮，也可能会脸色沉下来，啜泣、否定和羞愧。但是，如果我们选择通过指出错误让孩子带着愧疚感去认识错误，学习体验不一定是正向的。我们更需要通过学习察言观色，用巧妙的方法帮助孩子建立好的行为。

◆ 第一步，观察形势

观察形势可以帮助我们判断孩子所处的状态，很多时候孩子的谎言都经不起考验，一下子就能被“拆穿”。我们可以先确定孩子说的是“真话”还是“谎言”，这是很重要的第一步，保证事实的准确性才不会不小心误会了孩子。

◆ 第二步，接纳情绪

如果确定了孩子在说谎，比起第一时间去否定和质疑，我们更应该做的是

接纳。肢体的动作在这个时候很重要，比如拥抱、靠近、抚摸孩子，以及关心的注视，这些肢体语言都可以让孩子放松原本忐忑不安的心情，接收到我们的关心。

◆第三步，阐述事实

直接阐述事实的方式可以让孩子直面事情本身，思考如何解决问题。当孩子说谎的时候，我们也需要直接告诉孩子我们是了解真相的。Eric 偷吃麦片被发现后，我也会直接告诉他："弟弟你不用说谎的，妈妈知道你想吃麦片，所以你搬凳子爬上去取了麦片。"重要的是，我们要用中立、客观的描述方式，语气也要平静、缓和。因为我们阐述事实并不是为了指责孩子，而是让孩子知道事情不需要这么做，我们可以换种方式进行。

◆第四步，示范理解

很多时候孩子的谎言被拆穿后，往往也会继续掩饰，比如拒绝承认、否定、啜泣、逃避等。这个时候，我们更需要表达出对孩子的理解。对学龄前的孩子来说，不小心弄坏了玩具、摔破了碗盆，有时会因为担心受到指责而说谎，我们可以尝试把观察到的情况告诉孩子："你很伤心，你也不想把它摔碎。""碗太大，你的双手还托不稳。"这样的言语会让孩子知道，这种事情是可以告诉爸爸妈妈的，爸爸妈妈也能理解他并不是故意的。

◆第五步，提出方案

在表达理解之后，我们还需要和孩子沟通如何正视当前发生的事情。比如孩子偷吃了家里的东西而撒谎，那么我们可以告诉孩子："你不用对我撒谎的，如果你想吃小饼干，你完全可以来找我商量。"如果孩子偷拿超市的东西而且撒谎了，那么我们可以告诉孩子：“孩子，你不用瞒着我。我想我们可以一起把它送回去，你可以告诉售货员你拿了这个东西，觉得很抱歉。”

面对孩子的说谎问题，这 5 个方法构成了我们完整的视角。最开始的时候孩子并不知道如何寻找解决问题的办法；所谓的孩子“态度不好”只是他们不知道如何在平静的状态下想办法。所以，前面四步都是为了第五步铺垫。我们最终要让孩子明白，做错事是可以被理解的，但是我们需要直面现实和错误，并且一起找到解决方案。

让孩子积累不说谎的勇气

事实上，孩子的说谎行为是会重复发生的，特别当孩子到了 6 ~ 7 岁整体思维能力都更成熟的时候，你可能会发现孩子不仅会说谎，而且还懂得如何圆谎了，所以我们应对说谎的态度和观点更为重要。我曾听过一种观点称：纵容撒谎是在帮助孩子推卸责任。如果说谎都可以被包容，那是不是意味着孩子将来就可以肆意妄为，做错任何事都说自己不是故意的，从而获得宽容呢？

可我不是这么看的。无论是孩子还是父母，带着恐惧去过日子和一起合力去找方向，是两种不同的人生。学习如何成为一个诚实的人是一项终生的任务，很多成年人都不一定能够时刻保持诚实，何况孩子呢？

如果只带着恐惧去对待育儿这件事情，我们也很难客观、平和地“看到”孩子。

> 真正的包容并不是纵容撒谎，而是要懂得这是孩子成长过程中会经历的阶段，是孩子在人生中会遇到的挑战，我们一起携手去面对和解决问题。让孩子明白，不管遇到了什么困难，最起码家是可以安全沟通、合力面对的地方。

因为害怕孩子变坏而严厉纠正孩子的错误，对于孩子来说，只是又受了一次伤。真正能够帮助孩子理解现实和愿望之间的区别，一定是父母持续回应的安全感。让孩子学习如何承担责任是非常重要的，只有爱和接纳，才能让孩子看到父母的苦心和用意，也只有我们的理解和示范，才能让孩子学得更多、更好、更快。

4 步搞定孩子的多变

孩子还有一种行为也很常见，就是“主意总是变来变去”。想象一下平时你和两三岁孩子相处的场景，他们是不是总在变来变去：

“明明嚷着说很饿很饿要吃饭，我马不停蹄地给他弄好了，他却说要吃面，我说不给做，他就哭得上气不接下气的。”“早上起来已经给他吃过奶片，中午他却还要吃，我就说给他拿面包吃吧。不行！他就认准奶片了。我说如果吃奶片就不能吃面包了，他说好。等奶片吃完，他又开始要面包。我说刚才是你自己说不吃面包的，他就哭着说要吃要吃。”

这是我在后台收到的两个妈妈的留言。我家 Eric 有段时间也是这样的，遇到这种情况，我当然也有过这种想法：“到底要怎样？”但是想归想，当真的遇到这种情况，最好的解决办法其实还是：接受孩子的多变状况，不要对具体事情较真，再对症下药。

◆ 接受多变，别太较真

我们都知道，2 岁的孩子会坚持主见，碰到自己想要的东西、想做的事情，不管别人怎么说，都会固执地要做到。如果我们一时没有猜中孩子的内心想法，他们就会像引爆了导火线一样，开始发出挣扎的、哭喊的话语：“不要——”“讨厌——”

但其实这些都是孩子的真心话，因为他们的身体发育和语言表达都不够成熟，不能明确自己的需求，用言语表达内心完整的想法，所以经常会前后主张不一致。

当孩子反复说“我想要吃饭”“我想要吃面条”的时候，他真实的内心世界是这样的：“虽然我说了想吃饭，但我真的就只想吃面条。”“我不知道该怎么表达啊！”“爸爸妈妈，为什么你们听不懂我想表达什么，我就是爱吃面条啊！”

要知道，这个阶段的孩子，思维方式往往是直线型的。比如下面这张图，孩子虽然能够明白 A 点和 B 点的位置，但是却无法明白从 A 点到达 B 点需要的路径。

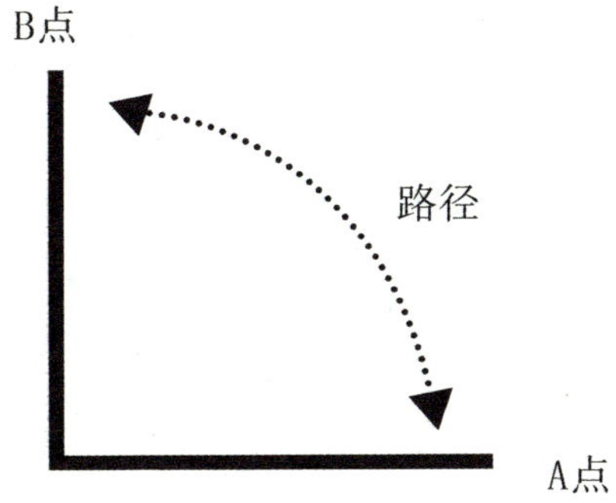

所以，孩子前一秒想吃饭是真的，后一秒想吃面条也是真的。但是他并不能明白，原来从吃饭到吃面条，需要妈妈放下已经做好的饭，重新起锅，再等个 15 分钟，才能做好另一碗面条，他只是想当然地提出自己的想法。

◆“不想谈，那就先不谈”

如果孩子一直反复无常，我们都会感到很为难，有时候甚至会烦躁。这个时候，我建议大家都先冷静一下，我们可以告诉孩子：“从饭到面条、到饼干，再到麦当劳，你已经改变了 4 次意见了。我很困扰，因为我不知道你到底想要什么，我想你需要想一想，再告诉我。”

给自己和孩子一定时间的缓冲和冷静，是帮助过渡这个状况的最佳办法，也能帮助我们自己重拾平常心。

> 好的沟通并不是将自己的负面情绪转嫁给别人，而是自己处在负面情绪中时，能够知道如何“喊停”，让处在情绪旋涡中的彼此有个冷静的空间。

如果我们不知道如何跟孩子讲道理，那就先不谈。不用强迫自己就得是“教科书妈妈”，把每句话都说到极致。很多时候和孩子讨论的过程，并不需要完美，但是需要真实。这里的真实，包括了我们的表情、语气、表述的方式，以及所示范的方向。

◆回应需求

等到大家的心情平复一些后，我们可以再和孩子回顾事情和情绪。即便我们被孩子的反复折腾得内心焦躁，但孩子的情绪是真的，需求也是真的。因为孩子受限于自己的思维方式，所以我们更需要温柔地回应孩子。

推荐运用的方法是“对话复述”。比如，我们可以在这个时候跟孩子说：“孩子，你想吃面条啊（回应我们最后一次听到的需求）。”说这句话一点儿都不难，但是我们往往就忽视了它的重要性。我们这么说不代表是在“迁就”孩子的任性，而是给孩子一种情感上的理解。感情的联结是沟通的第一步，很多时候孩子情绪化、脾气暴躁，并不是因为自己的想法没有得到实现，而是自己的想法没有得到理解。

实践中我们也许会困惑：“我也是这么跟孩子说的啊，可他就不听，怎么办？”如果出现这种情况，就需要我们反思当时说话的语气、状态和表情。我们的肢体语言、表情动作、语气和语速，都是和孩子沟通的要素，每个微表情也都在透露着说话的真诚度指数，孩子都看在眼里。

◆坦白事实

在“对话复述”之后，我们就可以根据发生的具体事情，坦白告诉孩子事情的可行性或其他顾虑。我们可以接受和理解孩子的情绪，但不代表我们就要接受孩子的任何要求。

当我们了解孩子的需求后，就需要考量现实情况能否满足这个需求。如果家里真的没有面条了，或者也不合适立刻出门去麦当劳，我们当然可以坦诚地告诉孩子：“妈妈知道了，宝宝想吃面条，但真的很遗憾，家里面条已经吃完了。如果你想要吃饭的话，妈妈已经准备好了。”“你想去麦当劳啊，可是今天我们没有安排要出门呢，我们想想其他解决方法吧。”

> 我们可以接受孩子的情绪，但是同样可以引导孩子的行为。孩子可能一开始并不会了解，但会被我们影响——只要亲子关系一直保持理解和沟通。

这里需要注意的一点是，不要在孩子面前找借口。有时候，我们明明是因为“自己不想外出吃麦当劳”，却告诉孩子，是“因为麦当劳关门了，放假不开业”。前者是事实，后者是托词。如果家长习惯用托词来跟孩子沟通，则不利于培养孩子的责任感。

无论是大事还是小事，当我们撒了一个谎，迟早都可能被知晓，彼此的信任就会坍塌，同时彼此的关系也会被伤害。做真实的父母，也包括把自己的真实感受和孩子分享。沟通从来都不是单向的意见传达，更不是永无止境的委曲求全，我们需要知道彼此的分寸，更需要保持客观，就事论事，真诚坦白。孩子可能一开始不能理解，但最起码，孩子不需要怀疑我们的真心，这是亲子关系最重要的根基。

孩子内心的恐惧清单

我曾看过一位美国临床心理咨询师的科普文，其中列了一个清单，列举了孩子在不同年龄段所害怕的东西，下表是我提取的 2 ～ 7 岁的部分内容：

序号	2~4岁孩子恐惧清单	5~7岁孩子恐惧清单
1	如厕（训练）：担心大便会痛，担心会掉进便盆里，担心马桶冲水的声音，担心会有虫子从马桶里爬出来，担心被便便碰到手	如厕恐惧有可能继续发展：担心马桶里的水会溢出来，担心虫子从马桶里爬出来，担心大便时肛门会痛
2	怕黑：害怕壁橱，害怕独自睡觉，害怕打雷，害怕阴影	怕黑：害怕床下的东西，害怕怪物、僵尸和恐龙，害怕鬼和超自然现象，害怕壁橱和黑暗的裂缝（特别是当门半开的时候）
3	害怕噪声（吸尘、垃圾处理、垃圾车、烟花等），害怕突然的大噪声	害怕恐怖的电视节目
4	害怕与父母分离	害怕天气变化（暴风雨、闪电、地震、龙卷风等），害怕与父母分离
5	害怕滑梯、弹跳屋和绳梯	害怕老师对他们大喊大叫或表现出失望
6	害怕穿着戏服或戴着面具的人	害怕考试（定时数学考试、拼写考试等）
7	害怕虫子、狗、鸟等动物	害怕同伴不喜欢他们
8	害怕陌生人	害怕医生、牙医、打针等
9	对电视节目的恐惧，比如带有恐怖主题的节目	害怕自动扶梯、电梯
10	害怕上下自动扶梯	害怕水和池塘
11	害怕迷路	害怕突然的大噪声
12	害怕水、洗澡、游泳池	害怕虫子、动物

我曾将这个清单写进一篇文章，在公众号里发出来后，有很多读者朋友留言说："真想不到孩子还会害怕这些东西。"也有很多朋友唤起了回忆："我小时候跟父母说我害怕吸尘器，没有人相信我，还笑我小孩子性子。"的确是的，当长大后，我们害怕的东西就会跟以前不一样了，所以通常很难理解孩子为什么会害怕这些事物，比如清单里的"如厕训练"，

竟然可能持续到 7 岁，而在我们眼中，只不过是上个厕所而已，不知道孩子为什么会怕。

看完这个 2 ~ 7 岁孩子的恐惧清单，我觉得非常真实，是孩子经常会出现的状况。比如 2 岁多的 Eric 有段时间必须得穿着纸尿裤躲在角落里大便，他说不上为什么，只是觉得“害怕”，于是本能地选择了这个方式。Joshua 在 5 岁多的时候也告诉过我，如果没有朋友的话，他会伤心，这也意味着他开始在意周围的社交环境，在意自己的人际关系。孩子害怕的东西不尽相同，但是有 3 个要点是我想跟大家讨论的，希望对大家解决这些难题有所帮助。

◆ 用好“消除关注”，改善坏行为

当我们希望孩子可以改善某个行为的时候，“消除关注”往往就是最好的支持。

孩子同样需要感知这样的环境：别人并没有时时刻刻都在留意他的一举一动。但是很多时候，我们往往忽视了这点。孩子如厕不积极，躲在角落里的时候，可能在旁边的我们下意识就会来一句：“你怎么长不大，还在角落里穿纸尿裤做什么？”这些话都会推着孩子往另外一个方向走：因为太在意别人的眼光，最终反而不知道自己怎么做才好。

再举个例子，总是介意别人眼光的孩子，跳舞的时候可能会更加拘谨，因为孩子内心想着的是自己的动作对不对、表现好不好，别人会不会笑自己。之前跟一个小朋友讨论过为什么一上舞台就浑身发抖，她说：“我的表现会很不好，我做不到。”追溯原因才发现，很多时候是因为父母在舞台下过度的关注，从孩子服饰和着装的精雕细琢，再到语言上的满心期待：“你是最棒的，我会一直看着你，你的表现一定会很好。”

很多时候，看起来阻止孩子进步、让孩子停留在恐惧中的是孩子自己，殊不知最能影响孩子看法的，其实是身边人的目光。或许只有当我们愿意理性和宽容地告诉孩子：“别人的看法其实并没有那么重要，人生最大的成熟是我们知道自己想要的是什么。”我们的孩子才能真正地获得力量，明白“为自己而活”才是这个世界上最坦然、最体面的事情。

◆ 帮孩子读懂潜台词

当孩子心中有恐惧时，往往第一反应就是迷茫。就好像置身于烟雾之中，孩子看不清也想不明白，只能感受到烟雾的呛人和浓烈，让自己惶恐不已。他比我们更无力、更不明白这些恐惧背后的原因，但是越挣扎就会被恐惧束缚得越深。

我小时候特别怕黑，只要关灯我就会害怕得睡不着觉，我反复跟爸爸妈妈说，我能不能开小夜灯，但他们是拒绝的。理由听起来都很对，你已经长大了，要学会独立，睡觉一定是在漆黑的环境里，开灯睡长不高。但是没有一个人问我，我在怕黑这件事情上，到底怕的是什么。我是害怕床底下会藏着怪兽，害怕阴影的诡异感，害怕做噩梦，还是害怕独自睡觉的孤独感？虽然怕黑这件事情特别小，我到了10岁后也克服了这个困难，但是这段经历好像烙印一样，直到现在，我仍然记得那段不被父母理解的时光。

> 要帮助孩子读懂内心的潜台词，让孩子明白恐惧背后藏着的心声或需求，也只有知道了这些，我们才能谈论如何战胜迷茫。

让孩子明白不管他们有什么样的恐惧，我们都可以一起来面对。这个过程才真正帮助孩子拥有了洞察力。我们不会把目光停留在表面上，而是努力看得更深、更远。

◆ 给孩子坚实有力的臂弯

刻意练习、拆解目标、分阶段各个击破，常常是我们改善孩子行为难题的重要方法（参看“Chapter 4”）。但很多时候我们需要承认一点，就是当孩子出现这些恐惧行为的时候，并不是因为孩子懦弱或者无能。

每个人战胜迷茫和恐惧的时间和节奏都不一样，孩子的恐惧里都有我们童年的影子。我小时候克服怕黑用了 5 年，Eric 战胜如厕训练的恐惧用了 1 年半，Joshua 现在又开始有自己新的担心，这些都是孩子们不同的成长之路。正如乔布斯在斯坦福大学的一句名言：“人生所有的经历，就像一颗颗珍珠，当你在未来某一天某一时刻找到了那根线，你就会把它们全部串联起来，变成美丽的项链。”说这句话的乔布斯，也是分享了他当年恐惧和迷茫的状况，他因为迷茫而退学，因为迷茫而去印度，这些时间在别人眼中都是浪费的光阴，却给了他更强大的专注、治愈的能力。

相比起乔布斯当年所面临的困惑，孩子的恐惧和迷茫看起来很小很小，但人生不正是因为这无数小事情串联成线，最后才成为如今的自己吗？让孩子知道并不是只有他们才会面对这些问题，而是每个人都会面对，这样我们才能有更好的心态去面对挑战，最终战胜恐惧的其实还是自信和成长。

我时常觉得，正因为我们是父母，所以我们才是帮助孩子克服困难和恐惧的最佳人选，我们有最多的包容，也有最敏锐的观察。让孩子放松下来去看待眼前的困难，是对孩子最大的支持。孩子终究还是会明白，在自己的人生之路上，世界上有太多的恐惧、迷茫和害怕，最终我们能做的就是让自己更强大，强大到那条光明道路自动出现在眼前。

但在此之前，让孩子有更大、更宽容的空间成长，具备读懂潜台词的能力，最终积攒自信并且懂得如何用自信战胜恐惧，这些都是孩子成长过程中必须习得的能力。也许我们终其一生，都在跟自己做斗争，但如果身后始终拥有最坚实有力的臂弯，便是内心最大的安全堡垒，支撑着我们更好地与恐惧和解，踏出去，大步向前走。

Chapter 12

如何从容面对养育中的棘手问题

法则12

多听听孩子内心的声音，孩子才会真的和我们分享感受。

我闺密曾为一件事情苦恼万分：孩子因为“结巴”而在幼儿园哭了。她家宝贝3岁多，在2岁左右的时候出现了口吃的现象，一紧张就会憋红了脸说：“我——我——我——我——”说不下去的时候就看着妈妈，希望妈妈可以帮自己的忙。刚发现孩子口吃的时候，闺密来找我帮忙，想了解口吃的原因，以及如何调整，我给她分析了很多。后来她回到家里，一家人齐心合力地帮助孩子，孩子的口吃状况才算好转了一些。

结果到了幼儿园，环境的压力扑面而来，小朋友们开始模仿他说话，有时候还会在他口吃的时候，心急地帮他说话，导致孩子口吃的情况又开始反复。有一次，幼儿园举行英语演出，每个小朋友都要上台去唱一首英文歌，老师反馈说，孩子很紧张，以至于连自我介绍都没说清楚，后来有一个急性子的小朋友直接跑到讲台上说：“我来帮你。”事情发展到这里，孩子再也忍不住，直接在台上大哭起来。

于是闺密很心急地来找我，她很担心孩子在幼儿园里遭受的压力太大，挫折感太强，最后不仅改不掉口吃的毛病，反而还会造成更深的心理伤害。孩子“结巴”我们应该怎么办？如何看待这件事，又如何有针对性地帮助孩子？以及当身边的环境给孩子带来一些负面的压力时，我们可以做点儿什么？

口吃也分真与假

其实每个人多多少少都曾出现过口吃的行为，比如演讲前比较紧张的时候。我观察过孩子最开始参加学校英语活动的表现，说出来的声音近乎蚊响，开场白也是“My，My，My name，name，name”了好一阵子。

口吃，俗称结巴，是一种不由自主地重复或延长话语中某一个音节、单字或者词语的现象，通常会在孩子 2 ～ 5 岁时体现出来。两岁多的孩子多多少少都会有一些口吃的表现，这是因为他正处在语言技巧和口腔肌肉活动同时快速发展的阶段。孩子在这个时期不仅需要多练习发声肌肉的能力，快速积累复杂词汇，还需要学习如何将单字拼凑成句子，这对每个孩子来说都是一个很大的挑战。

所有年幼孩子（甚至包括成年人）都会有不断重复单字和词语的情况，且因为焦虑或者压力而增强，但这并不是真正的口吃。真正的口吃没有办法仅靠家庭调整来解决，必须寻找专业语言治疗师的帮助。下面这个评估表可以用来做个简单自测：

（1）是否有家族性口吃的倾向？

（2）孩子在许多字句开始或中间的部分会不断地重复或延长？

（3）当孩子重复同一个字音时，通常都在 3 次以上？

（4）孩子会把某一个字音延长至少两秒钟？

（5）每当孩子重复或者延长字音时，他的面部表情或者肢体动作都显得夸张或激动？

（6）旁人可以听得到孩子在重复字音时喉咙中发出紧张尖锐的声音？

（7）当试着与人交谈沟通的时候，孩子会显得非常窘迫？

真正的口吃是上面 7 项指标所有都符合，并且能明显地被观察到。当时闺密家的孩子并非符合全部情况，比如没有口吃家族史等，而且她家孩子出现口吃的状况，大部分是在压力比较大的时候，所以评估更倾向于是由于环境的过度关注所导致的口吃表现。

别让“皮格马利翁效应”害了孩子

排除了病理原因，对大多数孩子来说，导致口吃的三大环境因素是：打断、插嘴和修正。

我当时和闺密一说完她就直呼："对！"她回想一下，说孩子他爸是一个性格特别急的人，所以看到孩子支吾说不清的时候，往往就立刻帮忙了："你要的是花瓶？我给你。"这种风风火火的性格，让孩子很多本来可以说的话都没机会说出口了。不仅如此，孩子他爸还特别喜欢纠错，比如发现孩子说不清楚，就反复地提醒孩子："这个怎么说？来，你跟着我来念……"但是往往越纠正，情况就越恶化。

闺密形容的这些情况，其实是教养中容易出现的过度关注。当我们潜意识中认为孩子是一个“连话都说不清楚”的人时，我们的言行和举止都会下意识地去强化这个信息。不管是纠正错误还是打断、插嘴，都源于我们内心迫切想要解决问题，但在这个过程中我们反而向孩子传递了一个信息：你就是一个连话都说不清楚的人。

> 这便是心理学上的皮格马利翁效应（Pygmalion Effect）：你相信什么，就会用自己的行为来验证什么，最后的结果都会倾向于验证你先前的设想。

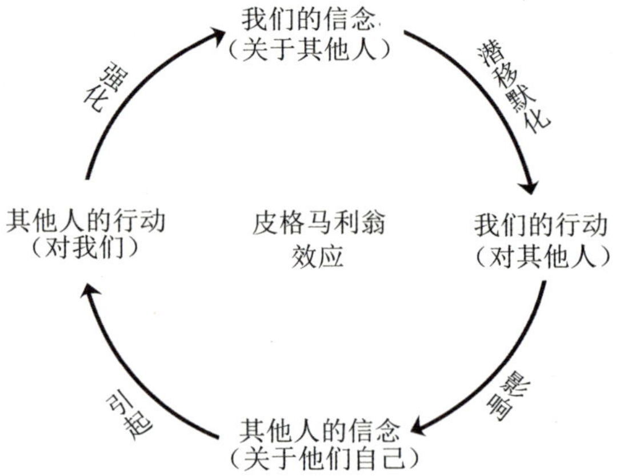

因为过度关注所导致的口吃表现，最有效的方法就是打破皮格马利翁效应的怪圈：

◆ 不要打断孩子的说话

当你发现孩子正在尝试表达自己的感受，和身边的人分享自己的想法时，即便孩子支吾半天说不出来，也不要打断他们。孩子的每一次进步都需要我们付出足够的耐心。我知道在这个过程中，我们的内心真的很焦灼，但恰恰是这些排除万难的耐心和等待，才能给孩子一个真正倾听的态度和环境，孩子才会感受到："不管我说得好不好，我的爸爸妈妈都会愿意等待我。"

◆ 不要在孩子说话时插嘴

我家弟弟 Eric 也有一段口吃期，原因是哥哥 Joshua 总是兴冲冲地插嘴。我能理解孩子们的行为并非恶意，就好像我闺密说的那个跑上台去抢话的小孩。在大人看来，这种行为是一种"无礼"的表现，孩子们却只是单纯地认为，我知道对方想说什么，所以我要帮他把这件事情说完。但这会给有口吃表现的孩子带来更大的压力。

所以当我们发现插嘴行为时，我们可以引导孩子学习何为等待，告诉孩子人与人之间的对话需要学习轮流说，等另外一个伙伴说完了，自己再接着说。我当时提醒 Joshua：“我知道你觉得自己猜中了弟弟想说什么，但是在弟弟没有说出来之前，你是没有办法知道他的真实想法的，所以你不妨等等弟弟，让弟弟说完后，你再看看自己猜对了没有。”

◆ 不要急于纠正结巴

这里我想和大家强调，口吃表现不是不能修正，而是不能急于修正。孩子口吃表现大多是因为压力和窘迫而起，所以如果修正的方式太过急迫和刻意，无形中就增加了孩子的压力，得不偿失。

好的方式是，在发现孩子口吃的当下，先保持倾听，不做任何修正和干扰，要假装口吃这件事情不存在。在平时和孩子玩耍的时候，多去捕捉孩子不口吃的情况，并且积极地告诉孩子：“宝宝，你这句话说得很流畅呢，我感受到了你的开心。”

如果孩子的口吃频率比较高，那么你要尝试把和孩子的沟通转为比较简短的句子，比如和孩子的对话不是：“你要不要吃一个梨子？”而是换成：“吃梨吗？”这些都能让孩子更容易克服心理压力，尝试短一些的描述方式。如果平时做到了对孩子进行积极的鼓励，并且使用简短描述的方法，那接下来可以使用“直接反馈法”（Direct Feedback）的方式引导孩子修正口吃的表现，使用的前提是爸爸妈妈的表达方式不会增加孩子的压力。如果孩子还是感到窘迫，那就代表时机还不够成熟。

比如当孩子结巴着说“我……我……”的时候，我们要做的是先听孩子说完。等到孩子说完“我……我……是小冰”后，要给孩子直接的反馈：“好，我是小冰，你再试试看。”如果孩子对你复述的时候还是结巴，那么你可以提醒孩子：“没事，慢慢来，你再试试。”这些对话我们可以记录在语言日记里，如果发现孩子接下来在某个场合能不结巴地说出“我是小冰”了，那么可以迅速地运用积极鼓励的方式告诉孩子：“你好流畅地说了你的名字，太棒了！”

◆ 换一种方式倾听

孩子 2 ~ 5 岁这个阶段，除了受家庭沟通环境影响，也会受同龄人沟通环境的影响。正如我闺密家的孩子，好不容易没那么口吃了，但是幼儿园的各种活动又增加了压力，加重了状况。如果你的孩子也正处在这样的困扰里，更需要我们坚定起来，重视孩子的内心感受，告诉孩子：“一下子说不完整没关系的，你也有很多做得好的地方，我们可以一起做得更好。”

口吃的孩子最不希望的就是别人帮忙和代劳，所以我们要告诉孩子：“如果不愿意别人帮忙和代劳，你可以明确地告诉对方，我不喜欢你这样做。”我们可以帮助孩子明确自己的内心感受，让他们明白不用假装不在意，然后把压力留给自己。同时，让他们相信自己可以通过努力做得更好。

我常常觉得，跟一个有口吃表现的孩子交流，相当于换了一种方式教会我们如何倾听。倾听，不只是指用耳朵听见了对方说的完整的话，也指我们愿意去等待、去理解，去走近孩子那努力想要发声的心。

当孩子在经历成长中要面对的坎坷和挑战的时候，我们可以告诉他，你是有力量的人，我们可以一起勇敢地面对，面对让自己不舒服的事情，也可以说“不”。而这份力量反过来会滋养孩子，帮助他们缓解内心的压力、恐惧和窘迫，重新获得自我成长的动力。

只有我们正确地了解了孩子的口吃表现，才能换一个角度去看待孩子成长阶段中出现的状况，这也是我们养育孩子时需要具备的发展观。接纳孩子真的不容易，但只有做到了，我们才能真正帮助孩子有底气地说出心里话。

安抚物之于孩子是什么

在养育孩子的过程中，我后知后觉地明白了一件事：孩子多多少少都会有一个小世界是属于安抚物的，他们可以从中获得安全感。

孩子对于安抚玩具的依恋常常超出我们最初的想象，我家 Joshua 有段时间每天出门都会带上自己的安抚玩具，到了学校就小心翼翼地放在书包里。他知道规则（上学不能玩玩具），但又舍不得离开它们（最起码在书包里，放学后就可以看到）。他还会给安抚物取名字，一起洗澡、做游戏，然后让这些玩具成为他最好的朋友。有安抚物在身边，他会很快乐，并且有满足感。

我家两个孩子的安抚物品类非常多，作为一个此前并没有刻意往孩子的生活里引入安抚物的妈妈，我也因此积累了不少经验，逐渐发现了安抚物对孩子的重要性。

◆ 照顾自己，照顾他人

顾名思义，安抚物就是可以满足孩子安全感的物品。它在孩子的成长中充当了一个“陪伴者”的角色，能够满足孩子情感和生理上的双重需求。

有些孩子可能从婴儿时期就已经有了自己的安抚物，这个安抚物一直陪伴着孩子长大，比如玩偶或者小方巾等；也有些孩子大一些才开始引入安抚物，像 Joshua 是两三岁时突然萌发了安抚物的陪伴念头，然后从自己最熟悉的玩具堆里挑选出几个，玩具小车、模型、小玩偶等。总之，好像突然有一天，孩子的生活里就离不开这些“小伙伴”了。

> 安抚物的作用有很多，孩子可以从安抚物身上找到安全感，并且学习如何照顾他人，这是培养孩子从自我意识发展到他人意识的一个重要阶段。

孩子对安抚物的需求也因阶段而异，因人而异。像 Eric 虽然也会跟着 Joshua 玩安抚物，但是他目前对安抚物的态度是即便它不在身边，自己也可以玩得很开心，睡得很安心。他不会像 Joshua 那样因为找不到安抚物就会心急、挂念，担心它们遇到困难自己却帮不上忙。

有安抚物陪伴着长大的孩子，我觉得是幸福的。因为他们从小就开始学习着如何照顾自己，照顾他人；但如果孩子当下对安抚物还没有出现需求，也是正常的，因为安抚物只是孩子生活中的一个小小辅助物，很多孩子并不需要靠安抚物来补足安全感。

避开别人踩过的安抚物之坑

从睡眠安抚的角度来说，其实安抚物可以有很多种，比如睡袋、安抚巾（小方巾）、玩具、被子、妈妈的衣服，以及其他的辅助方式如声音、摇篮、推车等。

这些早期阶段出现的安抚物可以称为技能型安抚物，主要目的是辅助睡眠，帮助孩子平静入睡，特别是新生儿时期，采用包巾的方式可以减少孩子的惊跳反应，提高睡眠质量。但是实际操作中，我们需要记住的是，1 岁之前不要给孩子引入有窒息风险的安抚物，比如太厚太长的被子、太蓬松的玩偶都不太妥当，保证睡眠安全是第一要素。

在保证睡眠安全的前提下，给孩子引入安抚物时还有 3 个关键点：

◆ 高频出现

安抚物一定是孩子生活中高频出现的物品。给孩子引入安抚物，最好给孩子一个小小的介绍仪式，然后把安抚物放在孩子身旁。一开始孩子可能会熟视无睹，但如果有某个契机，孩子对安抚物慢慢产生了感情，孩子可能就会一直抓住它，和它形影不离。所以，相处的时间是某一物品成为安抚物的一个先决条件。比如 Joshua 用玩具小车来当安抚物，也是他在日积月累的相处过程中自然萌发的感情。

◆ 得看眼缘

我之前试过给孩子挑各种安抚物，但是我发现，我给孩子们选的，孩子们不一定会喜欢。比如我选过一个很好的品牌，我自己很喜欢，Joshua 当年看起来也很喜欢它，但就是不会把它当成安抚物来用，他们之间无法产生那种依恋的情感，孩子喜欢它，但根本不“爱”它。

◆ 警惕不适物

在哄睡的早期阶段，我们很容易会以“孩子能安静入睡就好”的心态而使用一些不合适的安抚方式，比如使用奶嘴，让宝宝边用奶瓶吸奶边睡觉。这些看起来让孩子安静的方式其实是不妥当的，所以无论孩子多大，都需要避开这些不适物。另外还有一些是需要根据宝宝的成长阶段性退出的，比如吃手和安抚奶嘴都需要有一个循序渐进的戒除过程。

跟安抚物相处的 3 种玩法

如果突然有一天，当你发现孩子对某些东西产生了依恋，你就会有一种奇妙的体会，好像世界突然打开了一扇新的大门。孩子也会很兴奋，并且小心翼翼，好像这个世界突然多了一个陪伴他的好朋友，然后他会极尽温柔去照顾这位身边的“小朋友”。而我们要做的就是和孩子一样接纳它，让它陪孩子好好走过这一段重要的童年时期。

在观察孩子和安抚物相处的过程中，我发现了很多有意思的细节，孩子会自然地和安抚物玩各种各样的游戏，这是我们帮助孩子在游戏中发展各项技能的好时机，而玩耍的过程也将成为孩子童年时期独一无二的情感体验。

◆ 开拓认知：假装游戏

这在我们家算是高频游戏了，对孩子的认知发展有着强大的支持作用。孩子会和安抚物或喜欢的玩偶、玩具小车等开展各式各样的假装游戏。有段时间里，我家两个孩子一直在玩冰激凌店的游戏，将玩具小车当商品，自己当店主，轮流着做买卖。

在孩子玩耍的过程中，安抚物看似是玩具，但实际上是他们心中的好朋友。你可以发现孩子会自发地使用安抚物做很多事情，比如给玩具命名，给它们安排角色，做各种各样的小活动，这些都是开拓认知的好方式。

◆ 社会引导：规则游戏

平时，我会借助安抚物和孩子玩很多规则游戏，因为安抚物已经是孩子的小伙伴了，所以还会被纳入我们的整个家庭和社区活动中，同时它也是家长引入社会规则的桥梁。比如，有时候孩子希望把安抚物带在身边，随时随地都可以拿出来玩，我就会利用机会引导孩子学习使用规则，比如我会告诉孩子："玩具小车可以陪着你去上学，但不能带到教室里去，我们要先放到书包里，给玩偶找一个它感到舒服的位置，然后玩偶会在这里等着你放学。"

此外，还有一些生活规则是需要孩子理解的，比如，我会跟孩子说："玩具小车也需要睡觉、洗澡和盖被子，你是不是要像它一样呢？"亲子阅读的时候，我会放好小玩偶们，让它们排排坐，并告诉孩子们："你看，乘香和莎莎（我家孩子给玩偶取的名字）都坐好了，我们要开故事会喽！"这些都是在无形中让孩子有一个可以参考的标准，可以更好地理解生活里大大小小的规则。

◆ 情感支持：缓解焦虑

很多时候，孩子如果有了安抚物就相当于多了一个安全堡垒。像 Joshua 半夜如果醒了伸手一摸，感受到玩具小车在旁边，就会很快安心地再次入睡。如果要参加面试这样比较有挑战的项目，我也会用安抚物给孩子打气："我和玩具小车在门口等你，相信你肯定没问题的。"孩子就会肯定地点点头，把玩具小车放在我的手心，这是一种托付。

> 孩子在成长过程中会遇到各种各样的压力，比如紧张不安、夜惊害怕、莫名恐惧。拥有一个安抚物对孩子来说，在遇到压力的时候就会多几分安全感，因为有很多情感支持和寄托，在安抚物关系建立的那一刻便已经达成了。

终结过度依赖

但是，也有一些安抚物的情况需要我们警惕。我们可以借助一个很明显的信号来判断，就是看孩子会不会对安抚物产生唯一依赖，甚至因此排斥其他任何关系。因为安抚物是情感的连接和辅助，大部分时候孩子和安抚物是自然而然地相处。此外，孩子还有很多其他喜爱的事物、良好的社交关系，比如和亲人朋友都相处得不错。但是，如果发现孩子对安抚物的依赖逐渐加深，并且在社交中表现出明显的逃避和抗拒感时，就需要我们留意了。

如果出现这种情况，我们要做的就是找到孩子的症结在哪里。因为孩子出现这个行为，罪魁祸首不是安抚物，而往往是家庭环境。究竟是什么让孩子感觉到了压力？帮助孩子缓解和调整深层次的不安全感非常重要。而安抚物还可以成为爸爸妈妈在帮助调整孩子的压力问题时很好的沟通桥梁。

> 安抚物对于孩子来说是一个稳定而温暖的存在，孩子把自己的心理投射给了这个小伙伴，也把自己在生活中学到的知识传递给它，和安抚物相处的过程就像是孩子把自己的内外部认知和世界连接起来。

对我们大人来说，用一个开放的态度看待孩子身边的安抚物是很重要的。当我们意识到安抚物之于孩子的意义，并积极引入孩子的生活中时，其实就给了孩子一个坚定且正向的信号，我们愿意接纳孩子正在发展中的丰富的想象力和认知能力。

我始终相信，孩子的成长过程中有这样一个玩伴是很好的事情，它可以给孩子带来稳定的安全感，也能成为我们亲子关系中很好的桥梁，陪伴孩子走好这一段重要的童年之旅。

不喜欢刷牙的孩子

之前我收到过很多妈妈的留言，反馈说让孩子刷牙很难。每次刷牙就像上战场一样，孩子号啕大哭但自己却无计可施。这一点我很有共鸣，因为我家的两个孩子也经历了从一开始抗拒刷牙到现在接受刷牙的这个过程，比如 Eric，他的反抗程度有时候甚至会让我感到崩溃，真是个倔孩子，说啥他都不听，一碰就大哭。这里我有一些小方法可以分享给大家，我们怎样做才能让孩子更好地接受刷牙这件事。

让刷牙不再是“战争”的方法

在面对孩子出现问题的时候，我常有一种感觉，就是我们很容易陷入结果论里，希望改变孩子的行为，但是却忘了花时间去了解孩子行为背后的原因。在心理咨询领域，萨提亚家庭治疗法中提出的“冰山理论”便是这个道理。每个人就像一座冰山一样，我们能看到的只是露出水面很少的一部分，也就是表面的行为；但是更大一部分的内在世界却藏在水底，不为人所见，需要我们善于运用觉察力，才有可能看到。

当我们把注意力转向孩子的内在心理状态，而不只关注行为本身时，我们才能够给予孩子更多改变的可能性。回到孩子不愿意刷牙这件事情，我们是否认真地思考过孩子这么做的原因？我们可以用这样的话术和孩子进行沟通：

- 你为什么不喜欢刷牙？
- 你不喜欢刷牙的哪个环节？
- 告诉我，你讨厌的是什么？

当时 Eric 就告诉了我很多让我很意外的不愿刷牙的原因：

最开始的时候，Eric 不知道为什么必须刷牙，他觉得刷牙是一件很奇怪的事情——孩子对陌生事物有本能的排斥。

接着，Eric 对刷牙的流程和细节有抗议，比如他不喜欢我准备的牙膏味道，觉得很刺鼻，他想要一款没有味道的；他想要坐着刷，觉得躺着由妈妈给刷牙不舒服——孩子对秩序感有特别的要求。

现在，Eric 反抗的原因主要是到底刷牙是他来刷还是我来帮他刷，牙线是他自己的还是我们共用的——孩子对掌控权有特别的要求。

坦白说，在知道 Eric 的想法后，我就不会只盯着某个具体的细节，比如今天孩子反抗刷牙的程度有多激烈，或者是孩子一定要坐着刷牙的态度有多强硬，而是更多地从宏观的角度来引导孩子。这也帮助我转换了看待刷牙这件事的视角。下面想要分享的 3 种做法，也是我和孩子用过的非常见效的方式。

◆ 帮助孩子熟悉用品

很长一段时间里，我都会和哥哥、弟弟一起玩生活用品的模仿游戏，比如准备好他熟悉的事物，当时我准备的是指甲钳、梳子、牙刷、牙膏、小面巾。要注意，不要只给孩子准备牙刷，而是将很多小物件跟牙刷混在一起，这样就可以轻松地和孩子玩游戏了。

我会轻轻点一下梳子，然后自己做一个梳头发的动作，并跟 Joshua 和 Eric 说："我们一起来玩游戏吧，你们模仿我的动作，像我这样子梳头发，从上往下梳，梳完左边梳右边。"到后面我才拿起牙刷来做刷牙的动作，Eric 和 Joshua 模仿得还挺开心的，很多时候也不需要我干预太多，Eric 还经常刷着刷着就要来帮我刷牙。

> 和孩子一起多玩这类生活游戏，一起研究生活用品的质感、性状、使用方法，都是延伸的好方法。

像手部还不够灵活的 Eric，经常会一半忐忑又一半好奇地去摸牙膏的质地，这个时候就需要我们向孩子描述，牙膏是什么味道，是什么颜色，以及摸起来是什么样的触感，帮助孩子熟悉这件用品。

◆ 让孩子来决定细节

即便是刷牙这种小事情，但当时 Eric 给我反馈的意见，可一点儿也不小，从牙膏的味道到刷牙的姿势，都提出了自己的看法。这就好像我们平时逛街买衣服，也会留意这些细节和选择自己喜欢的色彩搭配。

所以当时我就干脆和孩子一起来“选品”。比如和孩子一起看各种牙膏的图，并且描述它们的特点，最终让 Eric 自己决定他想要尝试用哪种牙膏。我们约定可以从中选定两款，平时就可以从这两款里选择。

另外，在陪孩子熟悉刷牙过程、练习新的动作技巧时，也需要我们用耐心的态度解释要他做这个动作的原因。让孩子参与这些细节的决定，也是帮孩子建立秩序感的过程。对秩序感在意的孩子，即便不在刷牙这件事情上纠结，也会在其他事情上纠结，比如当时 Eric 每次都会把东西放在规定的地方，也会很看重生活作息是否规律，这些都是因为孩子正在观察和接触外部环境，也是孩子内在秩序的组成部分。

◆ 邀请孩子自己刷牙

孩子在能够独立自主照顾自己之前，一定会有段时间喜欢按照自己的步调做事情，比如 Eric 会要求自己来刷牙，否则不肯刷。不同的孩子对于我们的要求和建议都有着不同的反应。这个时候的孩子如果反抗我们的要求，通常是因为产生了挫败感，比如说刷牙的时候，孩子感觉到自己经常被“控制”，这种挫败感会通过发脾气和排斥刷牙来发泄，这是孩子遭遇负面情绪时的常见表现。

这时候引入玩偶的假装游戏或者轮流刷牙，都可以帮助孩子找到更多的视角，提高对整个事件的理解程度。我家有一个小狗玩偶、画有小朋友刷牙图案的小画片和牙刷玩具，平时我们会用这些玩具来玩刷牙游戏。孩子们通过帮助画片上的小朋友处理龋齿细菌，慢慢就理解刷牙的作用了。

当时 Eric 的门牙出现龋齿的时候，用牙线清理完牙齿，依然会有一些异味，我就会在游戏中跟Eric描述龋齿细菌的样子、大小、颜色、味道，虽然孩子会有少许的不适感，但会更直观地感受到“牙齿坏掉了是一种怎样的体验”。提高孩子对刷牙的接受度不是三两天可以做到的事情，当孩子熟悉了刷牙流程，知道了刷牙的必要性，慢慢地，他会习惯刷牙，虽然不一定会喜欢，但是他会接受这件事。

还有一点要补充的是，刷牙时带来的口腔不适感是无法避免的，有时候Eric也会告诉我“他不舒服”，重点是当孩子感觉不舒服的时候，我们不要否认这种不适感，而是告诉孩子“我能够理解这种感受，虽然牙齿有一点点不舒服，但我们还是可以继续下去吧”，这些都是很重要的沟通细节。

此外，还有一个很好的办法是让孩子多模仿其他人刷牙。因为哥哥Joshua已经养成了刷牙的习惯，所以Eric有时候很喜欢看哥哥在卫生间里对着镜子刷牙。有时候他也会主动找我要一把新牙刷，如果孩子这么做了，那就给孩子一把，不要怕孩子会弄坏、弄脏。虽然很多时候我看到Eric前一秒刷完牙，下一秒就想拿牙刷去刷地板。这个时候，我会给他拿一个替换的备用牙刷，跟他讲哪把牙刷用来刷自己的牙，哪把牙刷可以用来给地板“洗澡”，这都是温和有效的方法。

> 刷牙对于很多孩子来说，就好像突然结交一段关系，需要我们换个角度帮助孩子明白，原来刷牙就跟吃饭睡觉一样，是每一个人日常生活中很重要的一部分。

当刷牙变成孩子眼中一件重要又安心的事后，孩子自然会愿意接受它的存在，而这些都需要我们在生活中帮助孩子逐渐地构建起对刷牙的宏观认识。

我一直都很喜欢萨提亚说过的一句话：“我们需要多听听孩子内在的声音，而不能只是从外在行为上回应他们。如果我们能够听到孩子内心有什么样的感受，孩子才会真的和我们分享他们的感受。”刷牙真的只是孩子人生中很小的一件事情，我们即便什么都不做，孩子长大了也会懂得刷牙。但是对孩子来说，养成刷牙的习惯，不仅是为了牙齿的健康，而且也需要意识到刷牙是一件重要而有意义的事情。

最有效的改变并不是为了消除症状本身，而是真正地帮助孩子提升自我的觉知力，对于孩子来说，这个过程便是成长。

结　语

每个人都是拥有超凡魅力的父母

愿意全力以赴，敢于直面挑战，也愿意拥抱脆弱，这便是最好的自己。

我之前收到过公号读者留言："我经常陷入一种怕养育失败的焦虑中，怎么办？"感触很深，因为觉得自己在孩子教育方面是"失败"的，这种感受我也曾经有过。

我跟大家分享一件事情，在 Joshua 两岁多的时候，有一次我们去逛街，走到小区门口，他却不肯去了，说："妈妈，我们不走，在这里玩。"我劝了几句，Joshua 却发起了脾气："我才不要走呢，你们别管我！"结果拉锯了几个来回，Joshua 的情绪突然崩溃，一边号啕大哭，一边用力拦在门上，挡住了所有行人的路。

我感到特别尴尬，羞愧感波涛汹涌，却束手无策。在这种状态下，当时我做了一件自己从来没想过的事，我粗暴地把孩子从门上拽下来，打横抱起，像小偷一样赶紧跑回了家。孩子在我身上扭来扭去、大声咆哮，我觉得当时就像是"绑架"了一个孩子。那一刻，我脑海中只有一个词——"羞耻"，因为自己曾经学过的沟通策略、情绪调节都不管用了，我深深觉得自己太失败。

当我们为自己感到羞耻，觉得自己亏欠很多，认为所有养育方式都失败的时候，这种情绪就叫作耻感。

◆耻感是养育的"遮羞布"

耻感是罪恶感、羞耻心的综合，指的是我们在乎别人怎么看待自己，会因为别人的评价患得患失，甚至不自觉地为自己感到羞耻。耻感其实人人都有，但我们很少把它放在台面上说，因为它某种程度上是我们道德的"遮羞布"，如果扯开了这层"遮羞布"，就好像告诉了别人："是的，我很失败。"

我们发现自己在育儿过程中如履薄冰，害怕走错一步就会牵连孩子终生，害怕自己成为失败的母亲，辜负全世界，牺牲了孩子，这些都是耻感的现实表现。

像“孩子怎么这么难带”“那么瘦小”“如此木讷”“总是拖后腿”等这些声音，不管来自别人还是自己，都会加剧耻感。一开始哺育孩子，如果家人问一句“你是不是奶水不够”，内心的沮丧感便会汹涌澎湃；等孩子稍大一些，但是睡眠习惯并不像教科书那么好，我们也有很多忐忑不安，不停地会想自己是不是哪里做错了；知道情绪管理很重要，但若忍不住对孩子发脾气，便会觉得自己一无是处、言行不一……这样的例子数不胜数。

耻感背后，是低自尊的心理状态：没有安全感，无法判断自己的能力，甚至找不到方向时，我们会产生一种无用和无力感，感觉自己根本不值得被人肯定。

> 因为拥有强烈的耻感，我们不断怀疑、责备和否定自己，只能承认“我真的很失败，你看我连孩子都养不好”，这便是我们给自己设下的皮格马利翁效应。

◆ 完美妈妈执念

耻感之所以如影随形，是因为我们对完美妈妈有执念。这里所说的完美妈妈，指的是主观上要让自己百分百正确的妈妈。

当年我把 Joshua“扛”回家后，他崩溃地坐在地上哭，我也在沙发上大声哭起来，身心俱疲，脑袋里也如同塞满糨糊。我记不得这件事情最后是怎么“翻篇”的了，后来孩子自己消化了那天的情绪，对他而言似乎每天都有新鲜的事情，他很快又变回开心无畏的孩子。但这样的情绪一直积压在我心上，我后来找了个机会，跟我在港大的老师（也是心理咨询师）在电话里谈起了这件事情。

我说：“我特别难过，我觉得我亏欠了孩子。”老师问：“为什么对孩子发一次脾气，就会让你觉得亏欠呢？”我说：“因为我作为一个成人，一个妈妈，不应该这么做，我应该是有克制力的。”老师说：“那又怎么样呢？你觉得做了这些不克制的事情，会怎么样？”

我仍然记得自己当时是多么慌张地回答了这个问题：“当然会影响很大啊，我是孩子的榜样，也是他的力量。你看他第二天就忘记了我对他那么凶的事情，他那么包容我，我怎么可以做出这样的事情？而且我自己明明在情绪管理、亲子沟通领域接受了那么多年的专业培训，做出这样的事情也太不负责任了！”

老师说：“是的，你对自己有追求，也有要求，你害怕自己做得不够好，不够专业，你接受不了不够完美的自己。”

那一刻我意识到，我所有的焦虑都来自于自己心中“完美妈妈”的想法：我坚信父母需要对孩子的一切负责，我坚信作为父母，就一定要做正确的事情，如果做错了一件事情，那件错事就会成为我人生的污点，成为我甩不开的标签，也会对孩子造成不可估量的负面影响。

坦白说，我从来不觉得自己在生活中是一个完美主义者。因为我明白自己在学业上不是最强的、在工作上也不是最顶尖的，也没有什么家庭背景、经济支持、人脉资源来让我过得舒适，我就是一个普普通通的双职工家庭的女儿，所走的每一步路，靠的都是自己的努力。生活有坎坷，有遗憾，也有不足，但都是我人生经历的一部分。这些都是我一直以来对自己的理解。

唯独育儿这件事情上，我却认为我应该百分百正确。是的，“应该”百分百正确。我甚至给自己想象出了一个完美妈妈应该有的模样：温柔善良、贴心懂事、理解孩子、分寸得当、懂得沟通、善解人意，孩子优秀，亲子关系十分亲密。如果当时回归职场，我肯定还得加上一条，工作时仍然精力无限、表现突出，家庭和工作都能好好兼顾。

我当时内心最害怕的事情，竟然是承认自己不是一个完美妈妈，只是一个普通人。我会累瘫，会难过，也会崩溃起来大哭一场；会埋怨孩子很烦、不贴心，也会厌恶自己被育儿琐事捆绑着，我一点儿都不喜欢每天都是在孩子的麻烦事里“救火”……我内心有很多苦恼，它们都在等待我去看到。

老师说：“其实我们都需要接受，世界上根本没有完美妈妈的存在，如果有，一定是我们想象出来的给自己的枷锁。”

那次跟老师聊完后，我释然了。我发现承认自己不完美，承认自己累瘫、难过、崩溃，会有照顾不周，也会有埋怨伤心的状态，并不会怎么样。天不会塌下来，生活不会再无希望，而内心所需要的包容和力量，都来源于我能否真正接纳自己。

◆ 足够好的妈妈

英国心理学家温尼科特（D.W.Winnicott）提出过一个概念，“做一个‘足够好的妈妈’”（Good Enough Mother），它指的是差不多就可以了，不要总想着自己做一个妈妈一定要做到 100 分。

如果完全对孩子的情绪不敏感，对孩子的需求不回应，这样的教养方式无疑会让孩子陷入焦虑和绝望。但如果总是在追求 100 分的完美养育方式，往往又会陷入过度敏感、过度回应，不能接受自己养育方面有一点儿“瑕疵”，也不能让孩子体验到一丁点儿的挫折和失望，这样的教养方式同样妨碍了孩子的自我探索和发展。

更重要的是，过度追求 100 分的养育方式，也更容易陷入“行为改善 = 人格否定”的循环里，就好像我当时的焦虑，我把对孩子的一次发脾气的行为等同于毁灭性的灾难。但实际上，在如何面对这件事情上，我却本能地逃离。因为自己在脑海中把压力过度放大，从而不堪重负，这种状态下也没有办法让自己真正从容地面对，我甚至记不得最后是如何跟孩子沟通那件事情的。

承认自己是一个真实的人，会有做不到的地方，也会有无能为力的时候，有疏忽，也有反思，有烦躁想要吐槽的地方，也有顿悟积极学习之处，这些都是足够好的妈妈会做的事情。

> 足够好的妈妈对孩子逐渐变化的需求更能适应，会允许自己不完美，也允许孩子体验挫折和失望，并且知道如何及时安抚，这样可以培养孩子对妈妈和世界的信任："我受伤了，但是妈妈一直都在。"

足够好的妈妈更善于指导孩子何时以何种方式去面对失落和挫折，帮助孩子积累应对现实的能力，获得体验自己能力的机会，一起面对生活的不完美，有勇气去努力，又不会在失败时绝望。

对于每一个妈妈来说，比起要让自己绝对正确、100分完美，更重要的是接受自己真实的状态。我们愿意为更好的养育方式、更正向的亲子关系而努力，但我们不是出于恐惧、焦虑和责难去努力，而是怀着目标、接纳自己、心态平和。让一个人更有勇气去努力的，不是笃信努力了就一定会成功，而是能承受得住失败的后果。

◆ 教养日记范式

和自己内心的不适握手言和，不仅是一句劝谏。要能够更从容做到这一点，还需要一个地基做支撑，那便是自我觉察力。拥有高自我觉察力的人，会更倾向于相信自己有办法走出困境，自己可以有依靠的人或者事，最终自己也可以妥善地使用这些资源。

高自我觉察力同样是可以通过后天习惯养成的。在养育的过程中，我们需要一本教养日记本。在日记本里养成定期做记录的习惯，可以让我们保持自我觉察力。迷失方向的时候，让我们有勇气坚持到底，并重新找回方向。

我给大家看我做心理咨询的教养日记范式，频率可以根据每个人实际情况来定，比如日记、周记、月记都是合适的。

1. 今天有没有和孩子发生冲突？（必答题）

（1）有，________________

（2）无，________________

2. 是什么原因导致孩子出现这种行为？你观察到了什么？________

3. 你所做的动作会让事情更加糟糕吗？

（1）会，当我做________的时候，事情更加糟糕，孩子更加失控；

（2）会，我想起我做的________事情，今晚已经开始后悔了；

（3）不会，当我做________的时候，事情得到缓解，孩子最后稳定下来；

（4）不会，我想起我做的________事情，我觉得可以表扬一下自己。

［如果选择（2），则需要填写 4 和 5］

4. 记录下你今天认为和孩子一起做的开心的事情，你观察到了什么？

____

5. 你所做的会让事情发展更顺利吗？

____

6. 对于今天的教养行为，你有没有疑惑和困扰？（必答题）

____

教养日记帮助我们记录生活中的重要瞬间，这里不仅包括开心的经历也包括遗憾的经历，并且把观察、疑惑和思考都跟踪下来，这也是我们努力的方向。如果我们不懂得也不思考如何去面对挫折和困难，只是口头上说服自己“没关系的，你不够完美也没关系”，这都是没有意义的。

> 真正的成熟，从来不是被生活和工作拖着走，而是不管在哪里，处在何种状况，我们都愿意停下来，去反思、去沉淀。定期给自己按下暂停键，会让我们更专注于自我觉察。每一次的反思都可以让我们积累能力，重新看到自身的价值。我们也要学习把这句话说给自己听：“我正在努力，已经足够好了。”

走近自己的难处不是对责任的开脱，接纳并愿意聆听自己，不戴任何有色眼镜看待自己。没有别人的评价，也没有道德的束缚，而是一个私密的空间，我们愿意对自己说说心里话，告诉自己：“我相信你。”

◆ 自我照顾清单

老师曾给我发过一份自我照顾清单，这个清单能帮助疲倦中的父母提高自我觉察力，重新找回精力。心灵最理想的状态，从来都不是强行坚强，而是承认脆弱。每个人都需要被照顾，需要被呵护。

这几年来，这份清单也是我平时照顾自己的灵感来源，比如写日记、听音乐、喝一杯茶、看看大家给我的暖心留言、深呼吸、睡个觉，等等，这些都会帮我重新找回自我调节的力量，不陷入养育的怪圈：对自己发火，对孩子发火，对所有的事情绝望。

所以大家也可以看看这份清单，把适合自己的方法记录下来，让它成为你生活的一部分。

1. 写日记。意识流的风格写作就可以，留意自己写的时候记录下来的感受是什么。

2. 听音乐。自己很喜欢的音乐，或者能够带给自己强烈共鸣的音乐，不论摇滚还是舒缓的音乐都可以。

3. 写卡片。可以给自己或者其他人写一张卡片，把自己想说的话写在卡片上面。

4. 喝饮料。给自己泡一杯喜欢的饮料，比如甘菊茶、巧克力、果汁等。

5. 会友出行。至少安排一个不受琐事打扰的时间，跟亲密的朋友或家人出去喝杯咖啡或逛街走走，散步也可以。

6. 曼陀罗涂色。涂色可以帮助人聚焦注意力，放松情绪，所以不妨跟孩子一起给图画本上色。

7. 通过网络表达善意的互动。在社交媒体上跟人善意地沟通、聊天和互动，这个方式会让彼此都感觉良好。

8. 找一个舒服的角落休息。比如给自己准备一个沙发垫或者安静角，可以跟孩子一起休息、玩游戏、躲藏和互动，也可以让自己放空发呆。

9. 写下 3 件让自己感到有压力的事情。用笔记本或者空白纸写下感到压力或者困扰的事情，在每件事情的后面记得画上一个箭头的符号“→”，留下这个空白区间，从心理上帮助你减轻疼痛。

10. 跟孩子一对一的约会。比如一起去逛街、看展、散步等。

11. 打电话给亲密的人诉苦。可以告诉对方：“我现在很难过，可以跟你聊聊吗？”不要害怕求助。亲密关系的本质是双方都感觉到被需要，所以表达自己的脆弱，也是对对方的信任。

12. 出去散步。比如空气清新、视野开阔的地方。

13. 准备一个感恩日记本。记录下你所感激的事情，比如暖心的谈话、很棒的朋友、舒适的家等。

14. 参与公益服务。社区公益服务可以帮助提高人的归属感、自尊和价值，所以不妨给自己找些做志愿者的机会，也让自己时刻感受到被需要。

15. 闭上眼睛，深呼吸。可以尝试做冥想，比如告诉自己：“所有的声音回到呼吸，所有的想法都回到呼吸，所有的干扰都回到呼吸。”

16. 做一件一直很想做但迟迟没做的事情。比如说好了要整理房间一直拖着，或者抽屉太乱疏于整理，去完成它，做完这件事情心情也会好很多。

17. 睡觉。无论是打个盹还是大睡一场，让自己放松地做一场白日梦，记住睡前要让自己放松，不要带着噩梦入睡。

18. 哭泣。哭泣也可以让自己心情好起来的，可以找一个安心的角落，让自己忧郁一会儿。

19. 做指甲、化妆、美发。重新给自己设计一个造型，让自己美起来。

20. 删掉日程表的一件事情。拿出时间表，从密密麻麻的活动中删掉一个。

很多时候，这些方法都出现在生活里，但我们可能并没有系统地意识到这些都是很有效的策略，当它们成为自我调节的工具时，对我们的帮助会更持久、更有效。

记住，在照顾别人之前，得先丰盈自己。养育、工作、生活，这些事情都不容易。我们用力地照顾好自己，是因为生活虽然有酸有苦，但是我们不舍弃努力的过程，一定会被记住。

没关系的，一切都会好起来。

> 不做完美妈妈，做真实而积极的自己就好。只要我们充分接纳自己，就没有什么可以让我们恐惧和害怕的。

因为接纳，所以平和；因为平和，所以不惧。

不管结果如何，我们都有面对的勇气。愿意全力以赴，敢于直面挑战，也愿意拥抱脆弱，这便是最好的自己。

附　录

气质维度在不同年龄段的表现

气质特性	等级	6个月	2岁	5岁
活动水平	高	洗澡时尝试站在浴盆、浴缸里溅水花；喜欢探索，比如追着小猫小狗爬行，或者在床上滚来滚去	喜欢攀爬家具；喜欢探索；睡觉时喜欢在床上爬上爬下	吃饭时经常离开餐桌；喜欢跑来跑去
	低	洗澡时很听话；能在婴儿床里静静地玩耍、入睡	喜欢安静地玩拼图游戏，可以听几个小时的音频	要花很长的时间穿衣服；长途旅行坐汽车能保持安静
节律性	规律	起床和入睡时间固定，比如每天晚上6点半睡觉，早上7点起床；食量稳定	每天正餐吃很多；总在睡前吃点零食	上床后很容易入睡；排便时间规律
	随性	小歇的时长不定；食量不定；排便时间也不定	小歇时间不固定；排便时间不固定导致如厕训练困难	食量不固定；排便时间也不固定
趋避性	积极	喜欢新的食物；享受洗澡；总是微笑和咯咯地笑	第一次跟父母以外的亲人过夜时也能睡好	进入学校毫不犹豫；喜欢尝试新的食物
	消极	不能立刻对陌生人微笑；第一次参加活动或到新地方，会比较拘谨	在操场上玩会避开陌生的孩子；第一次到沙滩上会哭，抗拒到水里去	上学时躲在妈妈后面

（续表）

气质特性	等级	6个月	2岁	5岁
适应性	适应	曾经不喜欢新食物，慢慢会喜欢上	能快速服从；能安心地和父母外的亲人待上一段时间	刚开始不想上幼儿园，但是逐渐喜欢上；在家以外的地方过夜能睡好
	不适应	不配合穿衣服；被交给保姆照顾时，会感到不安并且哭泣	每次剪头发都会哭喊；总是违背指令	每天都要被人牵着进教室
反应强度	强烈	听到雷声会哭；身体如果有任何不舒服，会大喊大叫，让爸爸妈妈立刻发现	感到兴奋或高兴时会大叫；玩具被拿走后会大哭	见到父母会冲过去迎接；喜欢大笑
	温和	洗澡时不常在浴盆里踢腿；身体不舒服的时候，孩子也不怎么哭，或只是轻微难过	被其他孩子打时会很惊讶，但是不会还手	当父母坚定地说“不”时，会垂下眼睛，保持沉默；不怎么笑
反应阈限	低	拒绝在喜欢的食物上添加其他的东西；见到强光会把头抬起来	在爸妈回家时会跑到门口迎接；喜欢被紧紧地裹在被子中	家人穿上新衣服时，总能察觉到；拒绝接受不一样的饮食方式
	高	什么食物都能吃；尿布湿了或脏了也不会抗拒	可以和任何人待在一起；仰卧或俯卧都很容易入睡	阅读时会忽略周围的声音和突然出现的噪音；不抗拒打针
情绪本质	积极	喜欢在浴盆里玩耍和溅水；会对每个人都微笑	能和兄弟姐妹们一起玩耍、嬉闹；当成功地穿上鞋子时会微笑	看卡通片时会大笑；对每个人都微笑

（续表）

气质特性	等级	6个月	2岁	5岁
	消极	从浴盆里被抱出来时会哭；得不到喜欢的食物时会哭	理发时会哭和扭动身子；妈妈离开时会哭	抗拒穿靴子；沮丧时会哭
注意分散性	分心	听妈妈哼歌会停止哭泣；换衣服时如果被给予玩具便能保持安静	如果能进行其他活动，就会停止发脾气	在进行不合适的活动时能被引导到别的事情上去
	专注	穿衣时会一直哭直到穿完；为了得到奶瓶会一直哭	被拒绝时会尖叫；会忽略母亲的呼唤	在参与喜欢的活动时，会忽略外界的声音；受伤时会哭很久
持久性	长	会专注地看着婴儿床上的玩具，发出轻哼的声音	玩拼图游戏直到拼完为止；仔细观察如何做某事	持续练习新技能直到掌握为止；会花一个多小时读一本书
	短	会吮吸奶嘴几分钟，然后把奶嘴吐出来	如果玩具有难度，很容易放弃；脱衣服遇到困难时，会立即寻求帮助	仍然不会系鞋带，因为每当系不上就会选择放弃；当父母给他读书时，总是坐立不安

可以扫描旁边的二维码发送文字消息“教养力导论”，在线填写适合 1 ~ 3 岁、3 ~ 7 岁孩子的先天气质量表，即可查看电子版测评结果和自动生成的气质维度图，帮助你更好地了解孩子的特点，做更懂孩子的“伯乐”。

参考文献

[1] 斯泰拉 · 切斯，亚历山大 · 托马斯 . 气质论 [M]. 谭碧云译 . 上海：上海社会科学院出版社，2017.

[2] Rothbart, M. K. (2011). Becoming Who We Are: Temperament and Personality in Development. New York: Guilford Press.

[3] Kagan, J. (2010). The Temperamental Thread: How Genes, Culture, Time, and Luck Make Us Who We Are. Washington: Dana Press.

[4] 丹尼尔 · 戈尔曼 . 情商 2[M]. 魏平等译 . 北京：中信出版社，2018.

[5] Raina, M.K.(2000). The Creativity Passion: E. Paul Torrance's Voyages of Discovering Creativity. Westport: Praeger Publishers Inc.

[6] 好奇心的调查选自英国《独立报》的网络版报道，2017 年 12 月 3 日，http://www.independent.co.uk/news/uk/home-news/curious-children-questions-parenting-mum-dad-google-answers-inquisitive-argos-toddlers-chad-valley-a8089821.html

[7] 约翰 · 杜威 . 学校与社会 · 明日之学校 [M]. 赵祥麟等译 . 北京：人民教育出版社，2005.

[8] 约翰 · 戈特曼，琼 · 德克莱尔：培养高情商的孩子 [M]. 付瑞娟译 . 杭州：浙江人民出版社，2014.

[9] Adele F.,& Elaine M. (2012). Siblings Without Rivalry, London: W.W. Norton & Co

[10] Copple, C., & Bredekamp, S. (2009). Developmentally Appropriate Practice

in Early Childhood Programs. Washington, DC: National Association for the Education of Young Children.

[11] 马丁 · 塞利格曼，卡伦 · 莱维奇，莉萨 · 杰科克斯，简 · 吉勒姆 . 教出乐观的孩子：让孩子受用一生的幸福经典 [M]. 洪莉译 . 北京：北京联合出版公司，2017.

[12] 马丁 · 塞利格曼 . 真实的幸福 [M]. 洪兰译 . 北京：北京联合出版公司，2010.

[13] Reivich, K., & Shatte, A. (2003). The Resilience Factor: 7 Keys to Finding Your Inner Strength and Overcoming Life's Hurdles. New York: Random House.

[14] 劳拉 · E · 伯克 . 伯克毕生发展心理学 : 从 0 岁到青少年 (第 4 版) [M]. 陈会昌译 . 北京：中国人民大学出版社，2014.

[15] 蒂姆 · 哈福德 . 试错力：创新如何从无到有 [M]. 冷迪译 . 杭州：浙江人民出版社，2018.

[16] 安琪拉 · 达克沃斯 . 恒毅力 [M]. 洪慧芳译 . 台北：天下杂志，2016

[17] 安德斯 · 艾利克森，罗伯特 · 普尔 . 刻意练习：如何从新手到大师 [M]. 王正林译 . 北京：机械工业出版社，2016.

[18] Weis, R. (2014). Introduction to Abnormal Child and Adolescent Psychology(3rd Edition). Thousand Oaks: SAGE Publications.

[19] 迈克尔 · 弗斯特 . DSM-5 精神疾病诊断准则手册 [M]. 张道龙等译 . 北京：北京大学出版社，2014.

[20] 斯蒂文 · 谢尔弗 . 美国儿科学会育儿百科（第 6 版）[M]. 陈铭宇等译 . 北京：北京科学技术出版社，2018.

[21] 玛利亚 · 鲁宾逊 . 0 ~ 8 岁儿童的脑、认知发展与教育 [M]. 李燕芳等译 .

上海：上海教育出版社，2013.

[22] 约翰 · 鲍尔比 . 依恋三部曲 : 依恋 (第一卷) [M]. 汪智艳等译 . 北京：世界图书出版社，2017.

[23] 约翰 · 鲍尔比 . 依恋三部曲 : 分离 (第二卷) [M]. 万巨玲译 . 北京：世界图书出版社，2017.

[24] Goleman, D. (2014). Focus. New York: Harpercollins Publishers.

[25] 唐纳德 · 温尼科特 . 妈妈的心灵课：孩子、家庭和大千世界 [M]. 魏晨曦译 . 北京：中国轻工业出版社，2016.

[26] Templar, R. (2015). The Rule of Parenting(3rd Edition). New Jersey: Pearson Education.

[27] 狄克 · 梅尔，盖里 · 麦凯 . 阿德勒的幼儿教养课：培养孩子面对挑战的勇气（二版）) [M]. 王敬仁译 . 台北：远流出版社，2016.